U0821265

定位是根 推广为王

梁长玉◎著

梁长玉谈品牌那些事

中国财政经济出版社

图书在版编目（CIP）数据

定位是根，推广为王：梁长玉谈品牌那些事 / 梁长玉著 ．—北京：中国财政经济出版社，2013.12

（企业成长力书架）

ISBN 978-7-5095-4901-8

Ⅰ.①定… Ⅱ.①梁… Ⅲ.①企业管理-品牌营销-研究 Ⅳ.①F272.3

中国版本图书馆CIP数据核字（2013）第257910号

责任编辑：郭爱春　　责任印制：刘春年

责任校对：黄亚青　　装帧设计：盛世纳唐

中国财政经济出版社 出版

URL：http//www.cfeph.cn

E-mail：cfeph@cfeph.cn

（版权所有　翻印必究）

社址：北京市海淀区阜成路甲28号　邮政编码：100142

营销中心电话：010-88190406　北京财经书店电话：010-64033436

北京富生印刷厂印刷　各地新华书店经销

787×1092毫米　16开　14.75印张　160 000字

2014年2月第1版　2014年2月北京第1次印刷

定价：35.00元

ISBN 978-7-5095-4901-8 / F·3970

（图书出现印装问题，本社负责调换）

本社质量投诉电话：010-88190744

反盗版举报热线：88190492　88190446

QIYECHENGZHANGLISHUJIA

企业成长力书架

编委会

主　编　邓　明

编　委　（排名不分先后）

蔡忠成　陈明亮　付　祥　高子馨　高乃龙　胡兴龙
胡　炬　李　锋　贾扶栋　刘逸舟　刘　星　刘峰松
梁长玉　倪　可　欧阳震　任芳进　孙军正　汪园黔
吴　东　吴群学　徐　超　徐　伟　殷　祥　张　持
曾　文

主办单位　北京联大文化发展有限公司　www.ldwhbook.cn

序言

定位定天下，推广赢未来

21 世纪是信息化高速发展的时代，一切都在和时间赛跑，也包括企业的品牌定位与推广。

我们看到，这个社会开始变得多元化，许多要素被打乱后开始重新组合，使人们的生活发生了翻天覆地的变化。品牌建设和推广工程，这两个问题成为企业生死攸关的命题。品牌也从未获得过如此多的关注。

一个国家，如果缺乏在品牌定位与推广方面的建树，就无法在国际市场树立良好的品牌形象，甚至会失去在国际市场中的一席之地；一个地区，如果没有对自身品牌的定位与推广，就会直接影响当地的经济发展；一个企业，如果没有对自身品牌的定位与推广，就会沦为大品牌的“加工厂”，甚至直接被淘汰出局。

有人说，2011 年是一个“执行年”，2012 年是一个“细节年”，那么，2013 年后，我们必将迎来一个稳扎稳打的品牌定位与推广的“实干年”！

对企业人来说，用思考定位的过程思考推广，把推广当成品牌定位的出发点，坚持自身定位比品牌创新更重要。只有通过稳扎稳打的品牌推广，才能充分打造属于自己的品牌价值。而品牌的价值最终是以具体的品牌为载体来体现的。如果没有推广支撑品牌，企业就无法实现让消费者与品牌对话、互动，品牌自身也难以找到自身定位，更无法被消费者认知。

随着网络信息的快速传播和品牌定位意识观念的转变，再加上各类推广方法的普及,各行各业开始在品牌推广领域上演一出雷同的“肥皂剧”，一面遮遮掩掩地做推广，一面将品牌缺陷赤裸裸地暴露在大众眼中。与此同时，品牌的同质化与差异化也成为各大企业争相突围的突破口，个别品牌推广一夜成名的例子也不在少数。

究其原因，是由于企业在最初的小规模经营品牌的时候，主要依靠销售过程中的渠道差价赢利。当品牌规模逐渐缩水，同质化日趋严重时，企业要么坐等被淘汰出局，要么努力发展到中上游，并进一步推广品牌，从而使企业做大做强赢利。在这样的关键时刻，企业在市场前沿的品牌推广工作能否成功，直接影响品牌未来的建设与发展。

品牌的定位与推广进行得如何直接决定企业未来的生死存亡。当然，就企业的品牌运营与建设水平而言，想要胸有成竹地发展还要靠“领头羊”来带领。这也正是本书的创作初衷——为广大企业家、经理人，以及所有在未来想要自主经营品牌的各界人士所作。

本书共分四个部分，层层递进，分别阐释了品牌为什么要定位、推广，如何进行定位与推广，以及如何利用网络时代的营销利器制胜。通过十六章的内容揭示了品牌与市场的关系，品牌建设中的困惑与难题，品牌延伸时的陷阱，品牌定位的原则、战略、技巧，推广的理由、原则、方法，网络时代带给企业的“喜”与“忧”，以及利用网络营销做推广、应对舆论危机做好企业舆情管理的方法。相信研读本书内容后的你在未来的某一天，会成为一线市场里一名合格的“队长”，怀揣“三板斧”之功，帮助企业进行正确定位，实施更好的推广方案，让品牌因你而变得更有价值。

最后，用我最喜欢的一段话结语，我们一起共勉：

“英国皇家博物馆，收藏着一条船，这条船自从下水后，138次遭遇冰山，116次触礁，27次被风暴折断桅杆，13次起火。但它却一直没有沉没。

没有不犯错误的企业，没有不受伤的船，但只要勇于拼搏，善于应对危机，一个企业就是一条永不沉没的船！”

目录
Contents

Part 1

品牌为什么要定位、推广

- ◆ 终结混乱的脚步，占据市场先机
- ◆ 消除品牌管理中的四大困惑

第一章　终结混乱的脚步，占据市场先机

掌握品牌的现在，预测品牌的将来

不少企业也许认为他们有能力定位、推广一个品牌，实际上这是相当困难的，有时甚至不是通过一定努力就能达到的。

品牌的定位与推广是一项艰苦的工作。有很多品牌刚起步就打退堂鼓；一些品牌甚至连门槛都没迈出。而这又是企业人必不可少的一项工作。只有明确了品牌自身定位，才能进一步实施推广策略，既把握好品牌的现在，又能清晰掌控未来的大方向。

在此之前，首先要理解何为定位与推广。

顾名思义，推广即“推出而广告之”，通过一定的营销手段，为品牌打开销路。那么何为定位呢？

关于“定位”有多种说法。

美国某研究杂志中的一篇文章对“定位理念”所下的定义是：“产品位置关系到一个品牌相对于其他品牌特有的客观功能或属性。它是体现产品及其功能属性的一个特征。另外，目标位置与一个品牌相对于竞争者而含有的主观属性有关。这种品牌感知印象不属于产品自身的性质，而应该归于顾客头脑中的感知，在某些案例中它会使得一个品牌真实的特征前后大相径庭。”

品牌的感知印象不属于产品自身的性质，应该归属于顾客头脑中的感知。

这就意味着企业应该关注目标顾客对他们推广品牌的主观感知，从而构建出想要的品牌感知在目标顾客的大脑中占据一个特定的点或位置，这是定位及再定位战略的精髓。

想要在短时间内精准地概括“定位”的定义是很难的。

与消费者细分不同，定位是一个相对新颖的推广理念。举例来说，“消费者细分”已广为大众所熟悉，其代表的含义也基本达成了一致。而“定位”的概念是混乱的、没有统一说法的，几乎是一人一种解释。一些人认为，定位是产品的自述或者说代表产品的功效；另有一些人则认为，定位反映品牌所有者在市场中的地位或形象。还有人则把定位与品牌个性等同起来。

的确，一些人认为那不过就是“新瓶装旧酒”，是一个市场细分和产品差别化概念的翻版。于是，在美国某专业人士宣称“定位时代已经到来”仅四年之后，又有学者在重谈定位时说：“我不赞同那些试图把定位说成是营销策略时的革命或是新鲜事物的人。市场营销者采用的定位策略不过就是市场细分和产品差别化罢了。”

而据记载，罗瑟·里夫斯大师曾在其著作中写道：“定位的艺术在于选择，它能在众多独立的销售策略中帮你挑选出能使你获得最大销量的那个策略。定位，由于其概念的不明确，可能成为一个危险的、内容空洞的术语。很多时候，这正是费尽心思伺机占领细分市场的一种虚假的营销手段，而这些细分市场仅存于旁观者的眼中。”

里夫斯谈到的也许只是“不准确”的问题。但是一个重要概念的提出使得大卫·奥格力维和预言家里夫斯比起来毫不逊色，他说："针对你的产品，你将要做出的最为重要的决定就是：我该如何对我的产品定位？"

默尔·克劳福德说过："像定位这样模糊的定义是很容易被滥用的。"同时他给予人们一些特殊的提示："定位的意义在于推动整个营销程序。"

阿克说："产品定位是如此的重要，并处于核心地位，以至于应该放到使命论证的高度予以考虑。定位代表商业的精髓。"

……

我想说的是，今天广义上被理解的"定位"其实是一个整合后的概念。它可以为市场推广以及广告策划提供指导并起到推动作用，还可以将所有的营销组合要素整合到一起，形成一个紧密相连的营销整体。于是这就成为推广策划者和广告战略家们的一项艰巨任务，他们要策划并设计出营销组合中的每一个元素，并使得这些元素符合品牌的定位目标。

综上所述，我将"定位"用最通俗易懂的一句话来诠释便是：确定产品的方位，即发展方向。

如何为品牌定位、如何进行推广？

品牌定位的关键在于探求消费者对和其有关的竞争品牌的认知。在这个过程中，我们将彼此近似的产品归纳到同一个企业的产品销售类别中。因此，在一个多品牌的市场中，品牌定位代表目标消费者感知的品牌精髓。"定位"将品牌的自然属性和功能特征有机地结合到一起，有时也称其为"产品定位"，这个"定位"还包含该品牌的非功能属性或者说是情感价值。

在推广实践中，通常不会刻意区分“定位”和“品牌定位”这两个术语，而是交错地使用。因为主要关注的是品牌，所以通常又将其称为“品牌定位”。在业内“产品”和“品牌”这两个词也交错使用。因此，“品牌定位”可以简单理解为在目标顾客的大脑中对该品牌的感知。它是根据消费者对该品牌从功能性及非功能性两方面的经过综合判断得出的。对于消费者对竞争品牌的认知，所有竞争品牌都能在顾客的感知空间里被转化为各种点或位置，组成一个产品类别。最终，定位在消费者头脑中为品牌创造了一个独特的、可信赖的，有价值的并具有可持续性的位置。

而那些定位不准、推广不力的企业，通常走入了以下误区。

1. 在尚未建立清晰的品牌定位之前就试图培育品牌定位、推广意识

你必须让所有的人在信服你的品牌之前先搞清楚你是谁——很多企业认为这样做非常困难。一些企业在没弄清楚自己经销什么之前，就把大笔的钱花在高额的电视广告上了。还有一些企业经常推出消费者根本不在乎的品牌的新属性。

多年来，一些销售止痛药的企业宣称其品牌较之其他品牌疗效更持久。事实告诉他们，消费者想要的是迅速缓解疼痛而不是一种持续缓慢的疗效。

很多企业有时在“求异”上过量投入，不幸的是这种差异很容易被别人抄袭。定位的目的在于把竞争者挡在门外，而绝非引狼入室。一个把自己宣扬得过分实惠或过分时髦的品牌往往会被别人轻易超越。

2. 一些企业对定位与推广过于敏感和急切，以致他们与自己确立的品牌定位渐行渐远

例如，A公司的米先生曾洞察到消费者购买蜂蜜时更关注其营养成分而不是单纯的甜度，于是成功地推出了“再见，甜豆果”产品链延伸。于是，它的一个主要竞争对手B公司决定通过重新定位生产的“香甜炸薯片”来回应A公司挑起的竞争，包括将其更名为“金色炸薯片”以及对外宣布放弃高糖啤酒的生产。然而这个重新定位的品牌并未吸引到足够的新顾客，相反，其原先拥有的市场份额锐减。

尽管百事可乐的新鲜、年轻的品牌已经成为同可口可乐展开争夺战时的一个重要差别，但百事可乐在过去二十年内已经数次偏离了这个焦点，这也导致了它在可乐市场中的份额出现了萎缩。

总之，品牌定位是一项艰难的任务，当你已经发现一个有所作为的品牌位置，你也许有必要想出一个新的方法去占据该位置，但你在做出调整之前一定要三思而行。

超级竞争时代里的生存之道

在商业竞争中你死我活、品牌泛滥成灾、商业广告整日狂轰滥炸的时代里，推广的真谛已不复存在。市场经营者们已经陷入了一个怪圈。为了对抗推广的混乱，他们给自己制造了更多的混乱。

那我们如何才能彻底超越品牌的吸引力，在竞争激烈的时代里脱颖而出？

1999 年出版的《哈佛商业评论》中也反映出这种孤注一掷的心态——新产品常常是现有品牌战略的延伸。品牌战略延伸的频率常常能更清楚地反映出企业拼死力争的程度，它并不是一种革新。

不要天真地认为这仅仅是西方国家存在的问题。也许我们没有类似的可靠的统计数据来证实其问题的存在，但是通过研究可以推断，我们在竞争的过程中正在亦步亦趋地追逐着西方的这种狂热，徒劳无益地渴求多、更多、再更多，极力仿效其商业对手的品牌。

美国商学院为高层管理者开设“高级管理课程”。为什么一些大企业把他们的管理者派到麻省理工学院而非哈佛商学院？或是被派到斯坦福大学而非卡内基梅隆学院？

也许下面的这则笑话可以带给我们一些启示，也可把它当作品牌定位的生动诠释。

这是一个关于哈佛和麻省理工这两所知名管理教育学院的故事。哈佛商学院坐落在马萨诸塞州查理斯河岸，而河的对岸就是久负盛名的麻省理工学院。公众对这两所大学的认识泾渭分明，在管理教育中，哈佛被认为更注重“定性”的研究方法，而麻省理工则更偏爱采用数学式的“定量”研究方法。

在麻省理工河岸这边，有一个很受双方学校师生欢迎的超市。一个周六的上午，一个大学教授穿着肘部带着皮革补丁的夹克，心不在焉地逛完超市，他将塞得满满的购物车推到收银台，但收银台上面的标牌赫然写着：“六件以下快速收银。”

当看到购物车里堆得像山一样的商品，快速收银台的收银员惊呼道：“天哪！你是从不识字的河这岸来的还是从那个不识数的河对岸来的啊？”

要想成功，第一步就要预测消费者对品牌的理解，在其思想上进行定位，通过与众不同的方式，让他们心悦诚服地感受到你所给予的是其他人办不到的顾客价值，这被称为竞争优势。

通过了这一关，你才离成功近了一点！

尽早占据市场高地

定位理念是顾客对我们的品牌发生感知后的产物。我们希望在顾客大脑中创建自己的品牌位置并把它同别的品牌建立起联系。

与其说定位理念关心的是为产品做了些什么，不如说它关心的是针对该产品的顾客感知都做了些什么。只有如此，才能对症下药，尽早占据市场高地。

1982 年，雀巢（当时雀巢还是食品企业）考虑推出 A 快餐面，当时公司对其产品定位有几种选择，其选择主要是围绕着是一种居家烹饪的中式面条，是“夜宵”还是“正餐”而进行。

通过对消费者的研究，企业发现最能获利的定位可能是居家烹制。首先瞄准了儿童的速食小吃，预期市场是种类繁多的居家小吃细分市场。该定位自然会使新产品卷入整个小吃市场的竞争。这些小吃产品的范围包括从开袋即食的饼干、威化、花生，到食用前需要烹调一下的三角饺。所有这些食品都是外带小吃。

这些小吃的产品定位都与 A 快餐面有一定的竞争距离，它们并不是 A 快餐面的直接竞争者，A 快餐面真正的直接竞争者是家制小吃，如 B 面包、C 炸花生、D 三明治。

传统的意大利面食（如中式面条、意大利通心粉）被认为是其相近的竞争者，这些竞争者正迅速地发展成一个逐渐扩大的产品集团。意大利面食通常被当作正餐，需要较长的烹饪时间，而且配料很关键。

A 快餐面于 1983 年 1 月首次上市，一夜成名。市场的年销售量从 50 吨增加到 600 吨。市场证明，A 快餐面以“好吃、烹饪简便、即食”的产品定位，在庞大的市场里找到了一个空位，并牢牢地占据了这一位置。

另外一个 F 快餐面品牌，以仿冒别人的产品特点与定位的姿态进入市场，这样一来，只能无限期跟着别人的方向走，根本不知道自己真正的道路在哪里，其“生命周期”自然是短暂的。

产品数不胜数，在市场中的位置却不尽相同。

《定位时代的到来》中指出：“定位就是在消费者脑海中抢占阵地的争夺战。”

举个例子：一开始，作为软硬饮料混合品的七喜有着稳定的销售量，但与美国的软饮料类蕴含的市场潜力相比，却不值一提。为了能在广阔的市场竞争中赢利，七喜不得不在当时被可口可乐和百事可乐主导的消费者头脑中开发新的定位概念。七喜的广告以可口可乐作参照，宣称自己为“非可乐”的软饮料。

其定位：一是作为软饮料；二是与可乐不同；引人入胜（什么是“非可乐”？这会让不熟悉它的人认识它，并在消费者脑海中占据一个位置）。

“非可乐”的品牌定位第一年就给七喜带来了 107% 的销售额增长

率，由此成为在可口可乐和百事可乐之后排名第三的软饮料品牌。

一位业内分析师说：“要想找到一个独特的位置，你必须无视传统的逻辑思维。传统逻辑认为：你要在你自身或你的产品当中找到你的概念。这并不正确。你必须要到预期消费者的头脑中去找。你在七喜易拉罐里是找不到‘非可乐’定位理念的，但你会在喝可乐的人的脑子里找到这个理念。”

七喜的定位“神话”至今仍为人津津乐道，并由此派生出数不清的与其思路类似的定位战略。如花旗银行的活期存款业务，试图与本行内的定期存款业务以及其他银行的定期存款业务划清认识界限，以此把该项业务与其他业务区别开来。

每个银行都提供根据客户的固定存款发放贷款的业务服务，但多少都要办理手续。当发现客户经常需要办理申请贷款业务时，花旗银行想出了一个简化手续的主意，客户只要在支票上签个字就行。其他条款与其他银行保持一致。

尽管这种支票贷款的方法受制于同一准则，但花旗银行还是试图将其与“定期存款”业务差异化，以区别于同行。这一支票贷款的便利手续立即使人们对资金流动简易手续有了认知，由此反映出了极其有效的定位理念——活期存款。这个想法的可行性随后被大量的模仿者所证实，如香港上海银行推出所谓的“精明存款”业务。

可见，定位策略始于预期顾客的大脑：我们希望自己的品牌在顾客的大脑里处于一个什么样的位置？

即使同样的品牌，同样的包装，相同规格，在顾客的大脑中也会处于不同的位置。

第二章　消除品牌管理中的四大困惑

方法 1：撰写品牌方案

2003 年 9 月，小张从事冰箱的销售业务。当时该区域品牌不稳定，推广长期低迷。这样的局面，使小张感到很棘手，也迫使他必须先从撰写品牌方案展开工作。

但怎样入手呢？随后而来的“十一”假期推广给了小张很好的答案。

“十一”假期到来，各类品牌均会展开各自的推广活动，而小张手头上没有任何资源可用。9 月 28 日，当小张硬着头皮到了 C 电器商场时，获悉办事处 10 月 1 日将在 C 电器商场进行多个产品的让利销售，小张立刻感到机会来了。通过与商场刘经理的沟通，小张分析，单纯的让利销售在节日市场效果并不会很明显。其斜对面另一经销商经营着 D 电视，肯定也会采用让利销售的方式，价格战历来就是“黑电”厂家在节假日市场的一大利器。

在同质化比较突出的情况下，怎样才能取得较好的推广效果呢？

经过再三考虑，小张认为只有增加推广活动的内容，增大活动范围，才能为商场聚集更多的人气，进而促成更大的销售。刘经理也希望能以一种轰动性较强的方式开展 10 月 1 日的推广活动。于是小张主动请缨为商场撰写活动方案，并就节假日商场内外的气氛渲染、商品陈列提出了相应的建议。

在得到刘经理的认可后，小张当天便做了一个主题为“买电器到C电器商场，十一送现金”的购机抽奖返现金活动方案。方案原文如下：

在10月1日当天，凡在C电器商场购买任何电器的消费者，除可获得节日特价的优惠外，还可凭购物收据的商场联参加下午14时开始的抽奖返现金活动。其中特等奖1名，返现金300元；一等奖2名，返现金200元；二等奖3名，返现金100元；三等奖10名，返现金50元；幸运奖14名，返现金20元。整个返现金活动中设置了获奖名额30名，用于活动的现金1 780元由商场支付。在活动方案中还特别写道，设置2个抽奖箱，一个是不透明的，用于抽奖；另一个做成透明的，用于存放呈扇形打开的现金。抽奖以奖项倒推间歇式进行，中途购机者的商场联可随时放入抽奖箱，以刺激围观者为获得大奖而产生购买欲。抽奖过程中随机邀请围观者作为抽奖嘉宾，并即兴伴以各类产品知识问答。当然，有小礼品作为奖励以进一步激活活动现场气氛。

刘经理看了方案后，非常认可，并邀请小张负责安排和主持推广活动。搞推广活动当然少不了海报，但刘经理的各商场都没有专业的美工。小张想起自己原来在超市工作时，经常看美工写文案海报，自己略微会一点点。于是29日下午买来了排笔、宣传画颜料、纸张，信手涂鸦地将活动内容及细则就着商场的两块大牌写了2张大型海报文案，并手绘了一批产品宣传及特价信息，还为商场制作了统一的节日价格标签。晚上，又带着C商场的海报、吹气球，调整商品陈列，更换价格标签，对商场内外进行了包装，一切准备就绪，只等10月1日开门迎客。

果不其然，小张的文案取得了非常好的效果。10月1日11时以后，消费者络绎不绝地进入C商场选购。下午抽奖活动的场面更是人头涌动，高潮迭起，以压倒性的优势令斜对面D电视的推广活动无法进行。当天C商场共销售了电视机21台、冰箱5台、洗衣机6台、其余小家电类产品20余台。当月，C电器商场的冰箱在商场的销售由平时的月均10台左右上升至21台，而其余品牌的冰箱总共只销售了7台。对于这样的效果，刘经理觉得有些意外。

在没有任何支持的情况下，小张所付出的不只是辛苦和力气，还有撰写文案的智慧。

方法2：品牌终端建设

许多营销人员常常抱怨：抓了一年的品牌终端建设，到年底发现终端形象还是老样子，为什么总是落在对手的后面呢？

首先是解决问题的方法和思路有问题，执行不到位、培训不到位、考核不到位等，甚至把有些重要项目认为是常规工作而未列入重点计划。

品牌终端建设是一把双刃剑？

品牌建设，如果仅用传统的推广方式来打造一定的知名度，而没有通过产品和终端推广与顾客零距离地接触，解决认知度、满意度、美誉度的问题，它就很容易变成一把双刃剑。当品牌广告无法与目标顾客进行交易对话时，它最大的作用仅限于提高认知度。若品牌遭受负面的因素影响时，前期投入大量的广告打造出来的知名度，就会变成公众关注的焦点，起到反面的宣传作用，使企业陷入被动和不利局面。

品牌不仅是一个口号和牌子，而且是营销在终端推广细节的展现，更是消费者通过产品获得品牌消费，满足感受的过程。没有定位与推广，消费者就不会马上购买产品以获得品牌消费的感受。

品牌在终端营销中的具体应用，是建立一套能够提供以消费者需求为基础的、系统的服务标准。

传统的营销对品牌的理解和具体应用，在于对市场细分、对消费者细化和对营销细节进行深化和提升，建立一个精细化的标准体系，放弃粗放式的经营理念。细分的价值并不单纯针对粗放而言，更重要的是要发掘更大的价值，品牌的价值就是企业重点挖掘的价值核心。

狭义的终端，特指在卖场内外能给目标消费群提供产品交易的平台，消费者通过这个平台与产品近距离接触、沟通、互动的场所。

广义的终端，指一个过程的最末梢的环节端口或者某个环节的直接下游。例如，按性质划分，企业外派的各地分企业、营销中心、办事处等代表机构，都是企业的终端。

可见，品牌终端是品牌定位与推广的“阵地”，如何才能抢占终端市场呢？关键在于产品的展台是否对推广、宣传有利。在布置展台方面，你可以这样做：

1. 抢占展台“地利”优势

古语说“一步差三市”，指开店地址差一步就有可能相差三成的买卖。这跟人流活动的线路有关，可能有人走到这就拐弯，这个地方就是客人到不了的地方，虽然只差一个小胡同，但生意却差很多。

一个卖场内展台的位置选择和开店选址一个道理，它是企业终端市场的核心，是“阵地战”的堡垒，拥有良好的展台位置就像占领了战场上的制高点，掌握了主动权；标准、规范的形象制作就像阵地的掩体，为导购提供了用武之地。这两项是打赢终端“阵地战”的硬件保证，也是体现市场竞争实力的聚焦点。

2. 掌握改变展位不佳的方法

在实际操作中，展台的位置选择需要与销售的某些因素或与其他更复杂的原因相关联，这里讲的是排除干扰因素，选择理想位置的依据：

每个卖场的最佳展台位置，都是相对有限的资源，就像繁华商业街道上的黄金档铺，价格不但高而且还租不到。事实上，并不是除了黄金档铺以外的店铺就没有生意做了，只不过是黄金档铺抢占了地利的优势。市场上有很多不利的因素，都是可以通过人为的终端战术去改变的，更何况商场的展台位置经常随季节变换调整，每一次位置调整都是一把双刃剑——既是机会又是挑战！

方法3：推广活动执行

有句话说得好，三分创意，七分执行。

好的推广活动创意必须依靠有力的执行才能落实。

定位与推广只是一个概念，需要根据市场情况演绎和支撑。通过创新的系列广告创意到互动性很强的公关活动，都在诠释和支持同一概念。这表明，在具体传播工作中，只要不马虎了事，通过准确把握市场需求和认真思考，严格审核传播创意，保证执行进度，就能获得较好的传播效果。

然而，执行必须以人为依托才能进行，所以，在正式推广工作开始前，企业要注重对营销人员，尤其是营销经理的业务培训。

1. 推广培训的基础内容

包括专柜、门头建设、标准的应用，成本价格的控制，工艺要求，区域推广项目的申报流程，活动执行要求，结算手续办理，推广赠品的常规管理制度，年度推广策略及推广物料的使用管理制度等。

年度卖场展台物料的使用标准培训，展台、样机的日常维护，各类物品摆放标准培训，顾客登记表、礼品登记台账、日报表、周报表的填写等信息管理培训，常规的产品知识、导购说辞、导购技能等基础性内容的培训。

2. 推广培训的项目性内容

包括阶段性推广活动的执行要求，月度推广计划的终端落实，统一大检查项目的要求，突发性重点推广项目的培训。阶段性推广活动的执行，抽奖、买赠活动的细节培训，公关宣传终端传播的培训等。

3. 推广培训的专项培训

针对目标产品的功能和卖点，进行定向说辞培训，实行定向销售；

针对新品上市进行集中培训和考核。

重要的项目，一定要采用过程检核与结果检核两步程序来予以保证。处于营销一线的分企业最有效的管理方法之一，就是建立周检核制度和月检核制度。每一个需要检核的项目在开始前，要进行正式的书面通知并电话跟踪确认无疑，或者就项目的执行进行集中培训，然后让参训人员签字知晓执行不到位将被处罚的后果，这样，检核结果才能维护制度的严肃性。

要根据项目的重要程度控制检核频率，不能每一件事情无论大小都不停地检核、处罚，把执行变成一种被动的应付检查行为。检核只是一种管理手段，只有既达到管理的目的又充分调动员工的积极性的检核，才是最有效的检核。

方法4：营销公关策略

品牌推广环节的营销公关是企业与媒体联系的纽带，是企业通过具体的行动以媒体为信息平台，对营销施以辅助的、一种间接的、较高层次的推广公关手段；是促进公众对企业认识、理解和支持，树立良好企业形象、促进商品销售的一系列推广公关活动。

所以，企业必须应用具体的策略来管理、维护和发展与相关的关键公众（消费者群体、渠道成员、政府、媒体、社会公众等）的关系，树立品牌形象，增强并激发社会对企业的潜在与实际的兴趣，为企业营造良好的外围环境，维护企业的短期利益和长期利益。

1. 品牌的社会公关维护

利用新技术或新产品取得突破时的新闻事件，树立企业领先品牌形象；

利用体育营销、教育营销、环保营销或赞助营销的机会，树立品牌形象；

响应政府号召，以产品或技术特点为切入点发起社会行动；

利用热点事件或制造关联事件，建立品牌形象；

在出现危机事件时，对政府、社会、公众表现出诚实的态度，采取负责任的措施。

2. 品牌的渠道公关维护

针对渠道范围内的特定目标，以媒体为主要工具实施的宣传措施；

企业内部出现重大变动时，为稳定渠道信心采取的措施；

因外部环境导致企业变动时，为保护渠道利益做出的反应。

3. 品牌的内部公关维护

所谓内部公关，是为管理内部队伍，而应用内部媒体（企业报纸、刊物、学习文件）采取的公关举措。

营销公关需要遵守哪些原则?

公关是通过媒体把具有传播价值的人或事“说”出去，是营销中的新闻传播。因此，新闻传播本质上就是“说”。“说什么”与“如何说”，是开展有效的企业新闻传播必须先要解决的两个核心问题。

所谓“说什么”，是你准备对媒体说什么，你希望媒体报道什么，你希望读者得到什么。所谓“如何说”，是通过什么样的方式，以什么样的手段，把要传播的信息宣传出去。这实际上是媒体策略的问题。

解决“说什么”的问题，比任何事情都重要。

对于企业来说，它有很多信息可以传播，如有的信息需要第一时间传播出去，有些信息没有时间的要求；有些信息对企业的价值大，有些信息对企业的价值小；有些信息只适合一次性传播，有些信息在一定时期内重复传播效果才更好。营销中的新闻公关传播就是对这些信息进行分类、梳理，分出轻重缓急，然后加以应用。

有时，根据企业的战略需要，没有新闻也要制造事件，没有事件就制造概念。总之，发掘出有价值的传播点是营销传播的关键。

（1）公关的基本原则

品牌的谋划原则。出色的品牌传播绝对不是信息的信手拈来，而是系统而周密地谋划的结果。

企业和媒体的利益均衡原则。企业利益和媒体利益往往并不一致，企业想宣传这样的信息，但是媒体认为没有价值；有时候，媒体希望传播的信息，又不是企业想要的。因此，在企业利益和媒体利益之间要找到平衡点，找到媒体和企业共同的话题和诉求点，是企业新闻传播需要解决的问题。

事件优先传播原则。大量的事实证明，事件最具有传播力，因此，“事件营销”被称为企业新闻传播第一利器。在没有事件的情况下，应制造新闻事件，并借助这个新闻事件进行传播。

契合热点事件传播原则。利用热点事件开展借势传播，是新闻传播的重要策略，巧妙借势可以达到四两拨千斤的效果。如海尔空调利用消费者普遍对企业售后服务的不满和担心，巧妙地顺势打造出了独特的服务品牌并成功传播。

与广告协同原则。“公关第一，广告第二”。新闻公关对于塑造企业品牌形象具有重要意义，但是，这绝对不意味着凭借新闻传播单打独斗就能建立企业品牌形象。新闻传播和广告投放的关系是相辅相成的，就像人的两条腿，缺一不可。

（2）公关周期的波浪法则

该法则提醒企业在传播的轮次上要注意时间间隔。既要坚信每一个传播轮次都会有一个影响周期（通常为1～3个月），又要清楚让消费者恢复记忆的成本可能比创新宣传更高，倘若形成了“一波未平，一波又起”的态势，自然会使各个事件产生的品牌影响形成叠加的效果。

Part 2

定位是根：根基牢固才能历经考验

- 究竟何为品牌定位
- 品牌定位迷局：延伸之四大问题
- 品牌定位原则：进入心智模式突破定位难点
- 品牌定位战略：成功关键在于抢占市场
- 品牌定位技巧：与推广有机结合
- 品牌定位案例：卓越企业品牌的定位之道

第三章 究竟何为品牌定位

定位是这样开始的

POSITIONING——定位一词最初是由美国知名营销专家 Al · Ries(艾尔 · 列斯)与 Jack · Trout（杰克 · 特劳特）在 20 世纪 70 年代初期提出来的。艾尔 · 列斯与杰克 · 特劳特认为："定位，是从产品开始，可以是一件商品，一项服务，一家公司，一个机构，甚至于是一个人，也可能是你自己。定位并不是要你对产品做什么事情，定位是你对产品在未来的潜在顾客的脑海里确定一个合理的位置，也就是把产品定位在你未来潜在顾客的心目中。定位可以看成是对现有产品的一种创造性试验。"

如果将其称为"产品定位"是不正确的，这样说好像定位对产品本身进行改变。并不是说定位不涉及改变,实际是涉及的,只是对名字、价格和包装的改变，而不是对产品本身的改变。这些改变基本上是属于装饰性的，为的是在潜在顾客心中占领一个有价值的位置。

定位也是第一个应对过度传播社会中信息不被接受这一难题的思想体系。

《时代》杂志在 1972 年 4 月 24 日、5 月 1 日和 5 月 8 日分三部分连载了关于"定位"的文章。在所有相关活动中，首先是这篇文章使定位观念传播开来，也使广告推广的威力在我们头脑里留下了深刻的印象。

从那时起，美国就有专业学者在世界上多个国家的广告界进行了数百场关于“定位”的演讲，并且散发了超过 12 万册的“橘黄色小册子”，里面重印了《时代》杂志上的系列文章。

然而，“模糊”如今正在变得比“定位”更流行。真的是这样吗？

某品牌咖啡的广播广告说：“我们是美国销量第三的咖啡。”

第三？那些过去常见的广告词，如“第一”“最好”以及“最佳”都到哪儿去了？

好吧，老广告的好日子已经一去不复返了，其所用的广告词也一样。今天你只能听到比较级形容，而不是最高级。

最初的定位广告，其中最后一行短句在广告史上最为著名：

霍尼韦尔，另一家电脑企业。

七喜：非可乐。

套用美国广告界的说法，以上这些都叫“定位口号”，而写这些口号的广告人，将时间及调查研究的费用用来寻求得到市场上的位置或者空隙。

然而，定位所激起的兴趣已远超出这个复杂的世界，任何人都能运用定位在人生游戏中领先一步。

如果你不懂又不会使用这一原则，无疑会把机会让给你的竞争者。

定位，作为一个营销概念，何以在以创意著称的广告行业如此风行？

实际上，过去十年的特点可以用“回归现实”来形容。

如今你要想成功，一定要脚踏实地。真正值得考虑的现实，就是在潜在顾客心中早已存在的认知。

定位怀疑者最常问的是“为什么”。

就创造而言，创造某种并未存在于心中的事物，即使是有可能，也一定是日益困难的。要想克服这些困难，就要多问为什么。

定位的基本方法，不是去创造某种新的不同的事物，而是去操控心中已经存在的认知。

现今的市场，对过去发生效果的策略已不再有响应。因为有太多的产品、太多的企业以及太多的推广噪声。

过度简化与传播

不管信不信，如今，我们已成为一个传播过度的社会。今天，美国人均广告年消费额已达 200 美元。

在传播过度的社会中，谈论你的广告的冲击力等于在过度夸大你提供信息的潜在效力。这种以自我为中心的观点与市场上的现实情况是脱节的。

在过度简化与传播的社会中，获得成功的唯一希望，是要有选择性，集中火力于狭窄的目标——细分市场。一言以蔽之，还是“定位”。

人的心智是海量传播的防御物，屏蔽、排斥了大部分的信息。一般而言，人的心里只接受与其以前的知识与经验相匹配或吻合的信息。

千百万元的投资，已虚掷于以广告改变人心的企图上。心中的印象一旦形成，几乎不可能改变，力量微弱的广告当然更不可能。“我心已决，不要再以事实来困惑我吧！”这就是大部分人的生活方式。

一般人可以忍受别人对他们说一些自己一无所知的事情，但不能容忍别人说他们的想法是错的。

试图改变消费者的心智是推广的灾难。

不要试图改变消费者的心智成了定位理论最重要的原则之一，也是营销人员违背得最多的一项原则。很多企业每天都在浪费数以百万计的美元，企图改变潜在顾客的心智。然而在传播过度的社会中，人的唯一防卫力量就是过度简化的心智。

除非能废除每天 24 小时的自然法则，否则就不能把更多信息塞进心里。

普通的人心像滴水的海绵，充满了信息，如果想增加新的信息，唯一的方法是把已存的信息挤掉。而我们却想继续不断地把更多的信息塞进已过度饱和的海绵中，同时又为人们不接受我们的信息而感到失望。

当然，推广过程中的广告不过是传播冰山的一角。我们采用各种各样使人迷惑的传播方法与消费者互动，其数量则以几何级数增加。

媒体本身不是信息，但对信息的影响却很大。媒体不是传递系统更像过滤器，只有极小部分的原始资料最终会进入接受者的心中。其接受的信息又受到过度传播的社会本质的影响。“辞藻华丽，千篇一律”，在传播过度的社会已成为一种生活方式。

在技术上，我们至少有增加十倍传播量的能力。人们早已开始使用卫星直播电视节目了，每个家庭有 50 个左右的频道可以选择。而且，信息仍不断在增加。

某仪器仪表企业推出了一种“磁泡”存储器，它能在一块芯片上存储92 000位的信息，是市场上销售的存量最大的半导体存储器的6倍。

应对传播过度的社会最好的方法，就是尽量简化信息。

在推广上犹如在建筑中一样，一旦在顾客的心中拥有了一个词，你就得利用它，否则就会失去它。正所谓少就是多。你一定要提炼你的信息，使其能切入人心！你一定要抛弃意义含糊、模棱两可的词语，尽量精简信息；如果想给人留下长久的印象，就要再简化些。

依靠推广为生的人，都知道尽量简化的必要。

比如你要协助一位政客参加选举，在面见这位政客5分钟内，你对这位政客的了解会比普通选民未来5年对他的了解还要多。因为你的候选人的信息很少会进入选民的心，所以你的工作并不是普通意义上的“传播”。

你的工作其实是筛选，筛选出那些最容易进入人心的材料。

阻碍信息发生作用的是传播量，只有当你认识到问题的本质后，你才能通晓解决之道。

当你想为一位政治候选人或一项产品，甚或是你自己的优点进行传播时，你必须把问题的本质找出来。

问题的解决之道，存在于潜在顾客的心中。

换言之，由于你能传递给接受方的信息是那么稀少，因而你就应忽视信息的传播方，聚焦于信息的接受方。你应聚焦于潜在顾客的认知，而非产品的现实。

前纽约市长说：“在政治上，认知就是现实”，同理，在广告上、商业上以及在生活上都是一样的。

可是，什么是真理？什么是客观现实？每一个人似乎都本能地相信，唯有他自己才掌握着了解普遍真理的钥匙。当我们谈到真理时，我们说的真理是什么？是从局内人的角度说，还是从局外人的角度说？这两者之间确实有所不同。按照另一个时代的说法："顾客永远是对的"。言外之意就是，销售者或传播者永远是错的。

接受"传播者是错的，接受方是对的"的想法可能有些愤世嫉俗。但如果你想让你的信息被别人衷心接受，你确实别无选择。

此外，谁说局内人的观点比局外人的更正确？

让过程转过来，把焦点集中于潜在顾客而非产品，你就简化了选择过程，也学到了原则与观念，这有助于你大幅提高传播效率。真理与之无关。重要的是人们心中已存的认知。定位思想的本质在于，把认知当成现实来接受，然后重构这些认知，并在顾客心中建立想要的"位置"。

第四章　品牌定位迷局：延伸之四大问题

问题1：思维方式不同，结果有何差异

常言道，思路决定出路，思维方式不同，结果亦不同。

你也许会问，品牌延伸有什么不对的？这纯粹是明确而又固执的由内而外的思维结果。举个简单的例子，假如某公司生产的A牌肥皂是市场上销量最大的洗衣皂，顾客一看到A牌除味剂就知道它是A牌肥皂的生产商制造的。

关键就在这句话上，“A是一种肥皂。顾客会期待我们生产一种优质的腋下除味剂。”总之，A肥皂的顾客会购买A除味剂。

请注意，如果品牌延伸的是同一品类，整个推理又会发生变化。再举个例子，假设B企业发明了阿司匹林，而C企业发明了一种叫作“不含阿司匹林的C产品”。随即，B企业推出了一种叫作“不含阿司匹林的B止痛药”。这时，过去购买“C产品”的人也许会回头购买B止痛药，因为B是阿司匹林产品的领先品牌。

但实际上，这两个战略都不管用。

A仍然拥有庞大的肥皂市场份额，它的除味剂份额却非常小。B企业的不含阿司林产品在药品市场上的份额也微不足道。

我们不妨换一种思维方式，从潜在客户的角度看品牌延伸，对这

个问题进行逆向思考。

A和B在潜在客户的心智里都拥有稳固的定位。

在人们心智里拥有定位意味着什么？意味着某个品牌名称变成了通用名称的代名词。

B企业没有放弃努力。不含阿司匹林的B止痛品牌失败后，它又推出了“B优质产品系列”，包括五种不同的止痛药品，全都不含阿司匹林，而且都用B命名。企业花了1.1亿美元宣传“B优质系列”，但第一年的销售额只有2 500万美元。因为“不含阿司匹林”的产品是由C企业率先发布的，在人们心中已经有了稳固的定位——C就是专门做不含阿司匹林的品牌。虽然B企业发明了阿司匹林，但作为后来者，却很难在其他品类中获得稳固的定位。

定位越稳固，这种替代现象往往就发生得越加频繁。

有些品牌的定位已经强大到了变成通用名词的地步，如：宝洁、欧莱雅、邦迪、西门子等。当然，“通用型”品牌名称必须谨慎使用，以免上帝把你的东西给没收了。从传播的角度看，通用型品牌名称非常有效，可以一举两得。你一旦有了通用型品牌名称，就可以不去考虑品牌了，只需宣传该品类就够了。

但品牌延伸的陷阱也就在于此，从潜在客户的角度来看，品牌延伸不利于通用品牌名称，它使这类品牌在人们心里的清晰印象变得模糊，使得顾客想要阿司匹林的时候不能再用B来替代，想买肥皂时也不提A了。

从某种意义上说，品牌延伸使潜在客户认识到，B实际上只是一个产品名称而已，品牌延伸摧毁了B在人们心目中的高级阿司匹林的地位，同样也打破了人们把A看作是肥皂的习惯思维。

问题2：何为逆向品牌的延伸

尽管品牌延伸通常是错的，但反其道而行却有奇效，人称反品牌延伸“拓宽基础”。这方面最优秀的例子之一是强生企业的婴儿香波。

强生牌婴儿香波曾一度成为成人香波中的领先品牌，后来，强生企业却放弃了这个定位和推广项目，听任该品牌自生自灭。有些产品需要高强度的广告来使其品牌理念继续存在人们的心里。这一战略不一定能扩大销量，却能使之维持在现有的水平上。然而，用“投资收益率”来衡量广告效益的公司实在是太多了。

企业通过在成人市场宣传强生牌婴儿香波有多柔和，竟然使该产品成为成人香波中的领先品牌之一。

请注意“拓宽基础”战略的特点：同样的产品，同样的包装，同样的标签，不同的只是用途。

假如强生企业对产品进行了延伸，推出的是强生牌成人香波，它就不会取得这样的成功。

后来，强生企业又推出碳酸氢钠，广告说它适用于冰箱和排水管的保洁。营销做得也非常成功。可是，该企业采用品牌延伸战略推出力木牌碳酸氢钠除味剂后，成效甚微。该企业将其品牌又延伸到了许多品类的产品中——牙膏、地毯清洁液等。这些产品大部分的销售情况都是业绩平平。过于迷恋自己的品牌名称，这是企业的通病。

理解品牌延伸问题的关键之一是，把短期效应与长期效应分开。

品牌延伸能够继续流行的原因是，它在短期内确实有一定的优势。

正常来看，酒精是一种兴奋剂还是抑制剂？在短时间里，酒精是兴奋剂，从长期来看，它是一种抑制剂。品牌延伸的作用与酒精基本相同。因此延伸品牌后，会在短期内销量猛增。如果供应充足，前6个月的业绩会很好。可是，一旦没有再次打响品牌，情况便急转直下。

所以，从长期来看，过度延伸又是极为不利的。

潜在客户在一开始认可延伸品牌之后，绝对不确定到底是不是有这样一种产品。

品牌延伸可谓来得快，去得也快，容易被人忘记，因为它们在人们心目中没有自己的独立位置。它们是原有品牌的卫星，只会让原有品牌的地位模糊不清，其结果往往是灾难性的。

问题3：品牌延伸的不利因素是什么

有一个错失良机的例子发生在冷冻干燥咖啡领域。雀巢公司和通用食品公司是此类咖啡中销量最大的领导品牌。

可是，第一个冷冻干燥咖啡叫什么？雀巢公司！通用食品公司为什么没有成为第一品牌呢？

过去，通用食品企业以通用食品品牌占据着咖啡市场，它的市场份额最大，赚的钱也最多。后来，它发明了一种新的加工方法，叫作“快速冷冻干燥法”。

从表面上看，这一方法能帮助该食品企业增大它在咖啡市场上的份额。

可事实如何呢?

通用食品企业开局失利。由于用了从通用食品延伸出来的名字，企业立刻变得不堪一击。这亦是品牌延伸的陷阱之一。

当时，雀巢公司用新名字发起了反攻。这个战略性的名称选得十分高明，就连雀巢公司选择的时机也恰到好处。

没等对手进入咖啡消费者的心，雀巢公司就及时地杀进来了。

雀巢公司是这场咖啡争夺战的大赢家。尽管通用食品企业发明了冷冻干燥咖啡，并且首先上市销售，但最终雀巢公司与通用食品企业的销量却是 2:1。

可见,品牌可以拉长,但不能超出某个极限。你把名字延伸得越长，它就变得越脆弱。

一个名字应该延伸多长呢？这既是个经济学问题，也是个判断性问题。

问题 4：看待同一事物需要几种模式

你可能不知道，消费者和企业看问题的方式完全不同。

对企业来说，可口可乐是一家企业、一个品牌名称、一个机构和一个合适的工作地点。对消费者来说，“可口可乐”却是一种带甜味、加二氧化碳的褐色饮料。倒在杯子里的东西叫作可口可乐，而不是由一家名叫可口可乐的企业制造的可乐类饮料。

这就是消费者和企业在看待同一事物时的两种模式。

你如果信奉品牌延伸，就决不会轻易被别人左右了你的信仰，哪怕是当两个品牌之间爆发了一场血雨腥风的争夺大战。

尽管可口可乐销量超过了无糖百事可乐，从而证实了延伸式名称的不足。百事可乐企业却无视事实，还是我行我素、乐此不疲，继续推行类似的产品。而可口可乐也悄然推出了无糖系列。

人们很少有机会看到像百事可乐和可口可乐采取截然不同战略的产品之间发生的直接对抗。

品牌延伸不易察觉，因为所有的优势似乎都在百事企业这一边。

不管怎么说，像百事可乐这样著名的品牌加上描述性形容词“无糖”看来总能战无不胜。

此外，无糖百事可乐是头一个上市的。根据定位法则，第一个进入潜在客户心中的品牌拥有巨大的优势，但这不足以克服品牌延伸式名称所产生的不利因素。

这场推广战略的胜者是百事可乐，然而，这个名字延伸到低糖可乐领域后形成的不是优势，而是弱势。

喝可乐的人认为无糖百事可乐不如传统的百事可乐。

那么，可口可乐企业有没有遵守定位原则呢？

当然没有。他们开始犯同样的错误。可口可乐现在也有了汽水和黑樱桃汁的品牌。他们假如想在这些产品类别中建立品牌，就不该再用。因为这个已经成为无糖可乐的通用型名称的品牌了。

失败者如何了？百事可乐是怎么做的？

他们又一次犯了同样的错误。推出了轻型百事可乐，一个毫无分量的品牌延伸名称。

实际上，打入人们心中的根本不是产品，而是该产品的“名字”，潜在客户就是用这个名字与产品特征挂上钩的。

总之，在定位过程中，走两点之间最短的捷径未必就是最好的战略。现成的名字并不总是好名字。在适合的时候走出迷局，换一种思考模式则大有裨益。

第五章 品牌定位原则：进入心智模式突破定位难点

牺牲原则——有所弃，有所得

为了获得某个东西，必须先放弃一些东西。有所弃才能有所得。

美国Z航空企业审时度势，选择了短途航空客运市场，并把汽车作为竞争对手。该航空公司CEO说：“我们的竞争对手是公路交通，我们要与行驶在公路上的福特汽车、克莱斯勒汽车、丰田汽车，展开价格战，我们要把高速公路上的客流搬到天上来”。美国Z航空企业把自己定位为快捷、低成本、短距离的航空企业。但是，航空企业高额固定成本的行业特性，“与汽车竞争”的低价和快捷定位，以及狭小的短途航空运输市场空间，无疑都给美国Z航空企业提出了巨大的挑战。

在美国，那些提供全面服务的航空企业，几乎能将乘客从任何一个地方送到其他任何一个地方。为了到达多个目的地，方便乘客转机，他们经常采用“以繁忙的大型机场为中心枢纽”的辐射系统；为了吸引希望旅途舒适的乘客，他们还提供头等舱和商务舱服务；考虑到要转机的乘客，他们在航班安排上做出了调整，并且提供行李代运和转运服务；对于需要长时间飞行的乘客，他们还会提供餐饮服务。

对自己所有的运营活动，Z航空企业都进行了精心的取舍和设计，一切都以成本和快捷为中心。例如，Z航空企业不在大型枢纽机场开设停靠港，只在中等城市和大城市中的二级机场开设停靠港，这样既避开了与大航空企业正面竞争，又避开了高额的枢纽机场费用，同时还避开了由于枢纽机场繁忙所造成的时间延误。Z航空企业在飞机上只提供一些软饮料和花生米，这样既节省了人力，又节省了成本。Z航空企业在登机口设立了自动售票处，鼓励乘客跳过旅行社直接购买Z航空企业的机票，这样就节省了大笔机票销售代理佣金。Z航空企业的登机牌都是塑料做的，用完后回收起来，以备下次再用。

Z航空企业全部采用波音737客机，这不但大大节省了飞机的维护成本，还大大节约了包括飞行员在内的技术人员的培训成本。同时，Z航空企业统一的机型，使飞行员对飞机相当熟悉，飞行员可以随时接飞任何一架波音737飞机，许多飞行员和空中服务人员经常不停地倒换飞机飞行，飞行员的月平均飞行时间是其他航空企业的2倍，从而大大节省了人力资源成本。

Z航空企业的航班都是点对点的飞行，从不中途停靠其他机场，因此总是比别的航空企业迅速。Z航空企业不对号入座，也没有公务舱和经济舱之别，乘客上去就找空座位坐下，这样就可以很快登机完毕起飞。Z航空企业不提供行李联运托运业务，从而大大减少了在航空港的滞留时间。

经过精心和大胆的取舍，Z航空企业真正做到了快捷、便宜，而且又有利可图。20世纪90年代初期，在美国航空业中，Z航空企业成为唯一获利的航空企业。进入21世纪，美国航空业状况令业界人士不堪回首。2001年，经济衰退已经使供过于求的美国航空业处境艰难。客流量大幅度下降，运营成本不断提高，一系列难题使绝大多数航空企业严重亏损。其中，G航空企业和S航空企业相继宣布申请破产保护，U航空企业也濒临破产，其他几家大企业亦陷入严重的经营困难。在这前所未有的逆境中，Z航空企业始终保持着盈利，让许多人不得不刮目相看。

牺牲，像是一枚硬币的两个面。正面，指明品牌应该怎样实现定位；反面，告诉品牌应该如何保证聚焦。在争夺的头脑战争里，想要突破定位难点，就必须学会取舍，必须学会牺牲。

1. 宁愿在一处强，不要在处处弱

人类的本性是不愿意放弃任何东西，不愿意放弃任何一个获取的机会。人们不愿意把自己锁定在一个位置上，相信自己能够在多个位置上游刃有余。人们总是感到自己的市场空间有限，总想把自己拓展到想要的位置上。对于取舍、放弃和牺牲，人们首先感受到的是痛苦、遗憾、无奈和不情愿。营销战，即是一场认知之战，又是一场资源之战。

营销战的关键是：要保证有足够的战争资源——防御或者进攻，在必要的时候投入到自己的防御或者进攻阵地上。如果战线拉得太长，那么无论防御，还是进攻，都难以做到得心应手，甚至陷入捉襟见肘的被动局面。

营销战的秘诀是：宁愿在一处强，不要在处处弱。在营销战争中，迫使自己同时在多条战线上作战，很难在各条战线上都取得优异的战绩。在营销的战场上，必须舍弃那些占领不了的市场，必须放弃那些敌人固守的市场。企业应该把资源集中起来，巩固自己固守着的营销领地。

2. 经营范围狭小，市场范围广大

在定位的游戏中，理想的效果是：经营范围小，市场范围大。糟糕的状况是：经营范围大，市场范围小。这就是说，或许企业的经营范围十分狭窄，但是顾客群体非常广泛。这意味着，业务焦点越小越好，顾客的群体越大越好；经营范围越小越好，吸引的顾客越多越好。这种经营效果的实现途径为：把力量、行动和声音整合起来，聚焦在一个相对狭小的领域上，以此建立起不同凡响的声誉，从而引起人们的注意与关注，吸引人们购买自己的品牌和产品。这就是说，只有聚焦在一个业务领域上，才能成为这个领域中的专家。为此，必须做出取舍，必须学会聚焦，必须懂得牺牲。

3. 一个品牌，扮演一个角色就好

在定位游戏中，一个品牌只能扮演一个角色。这意味着：一个品牌不能既代表这种东西，同时又代表那种东西。在定位游戏中，一个品牌只能突出一个属性。这意味着：一个品牌不能既代表这个概念，同时又占据那个位置。在定位游戏中，一个品牌只能形成一个代名词。这意味着：一个品牌不能既满足人们这方面的需要，同时又满足人们那方面的需要。否则，人们的心智必将陷入混乱——这个品牌到底代表着什么东西？在人们心中，如果一个品牌已经代表了一种东西，那么就不要再让这个品牌代表其他东西。如果一个品牌名称用到各种产品上，那么品牌注定要在人们头脑中陷入混乱，注定要在人们头脑中失去焦点。如果让一个品牌在定位游戏中扮演多个角色，那么品牌注定会失去在人们头脑中的价值地位，品牌注定会失去不断积累起来的顾客群体。

4. 企业要清楚要做什么事情，不做什么事情

在当今的世界上，没有任何一家企业能够占领所有市场，没有任何一个产品能够满足所有需要，没有任何一个品牌能够迎合所有喜好。企业一旦认识到这个事实，那么就应该很容易接受“取舍”这个概念。企业不必理会耳边的咒语：不能放弃任何扩张机会。企业应该要做的事情，首先是确定不做什么事情。这就是说，企业应该界定出经营领域，界定出顾客群体，界定出品牌个性，界定出品牌定位，界定出运营活动。然后，将与此无关的东西统统舍弃。什么是战略？有人说，战略就是首先确定不做什么。这句话的含义是：知道应该做什么固然重要，知道不该做什么更加重要。做应该做的事情会让企业获得成功，做不该做的事情会令企业遭遇失败。应该做的事情是取舍，不该做的事情是贪婪。

领先原则——成为领先者

“做第一”胜过“努力做”。在定位的游戏里，领先具有独特的含义。其定义为：抢先占领品牌阶梯顶端，或者占据顾客心中第一位置。从竞争的角度看，领先的意义在于，占据压制性竞争地位。

要想在人们心智里获取领先地位，其捷径为“捷足先登，争做第一”。

所谓“捷足先登”，不是指“第一个进入产品市场”，而是指“第一个进入人们心中”。所谓“争做第一”，不是指“在商品市场上销售数量第一”，而是指“在人们心智里建立领先地位”。这引申出两个观念：首先进入潜在顾客头脑，要胜过首先进入市场。谁抢先发明了一种产品并不重要，重要的是谁抢先进入了人们心智。人们心智里的领先地位，胜过市场销售上的数量第一。在货品市场上谁卖出了更多产品并不重要，重要的是谁在人们心智里建立起领先地位。

这两个观念告诉人们，在竞争的格局下，如果不抢先在顾客心里取得领先地位，那么销售数量的领先就经不起竞争的考验，产品发明领先同样经不起竞争的考验。其原因在于：“卖品牌”与“卖产品”之间的差别。品牌代表一种认知价值，产品代表一种使用价值。仅有后者而没有前者，必然会被两者兼备的竞争者所战胜。

一些产品及其品牌拥有显著地域性特征——只在特定地理区域销售。这些产品及其品牌面临着突破地域限制的问题，这既是一种限制，同时亦是一种机会。

广东地区的凉茶K品牌，突破区域性销售问题，成为一个十分成功的典范。在中国的各个地区，几乎都存在着一些地域性的产品。

例如：四川的苦荞茶、北方的酸梅汤、江浙的花雕酒、女儿红……这些产品及其品牌，几乎都面临着同样的问题与机会——突破地域限制。在地域性的市场上，这些产品及其品牌已存在于人们心里。但是，在这些地域之外的市场上，这些产品及其品牌尚未在人们心里建立起品牌阶梯。其机会就在于：这些产品与品牌都存在着均等的机会，在其他市场区域抢先一步进入人们心里，在其他市场区域抢先一步建立领先地位。

凉茶，曾经是一种典型地域性产品，在广东地区具有悠久历史，在人们心里存在着产品概念。在广东之外的地区，人们心里没有凉茶这个概念。当然，在人们的心里，也不存在凉茶的品牌阶梯。有鉴于此，K品牌抢先一步走出地域市场，与遍布各地的川菜馆、烧烤店进行合作——“吃川菜、吃烧烤，会上火；怕上火，喝K凉茶”。借助这些推广渠道，K品牌抢先进入中国消费者的心里，建立起“防上火饮料”的概念。如今，K品牌获得了巨大的成功。D大力跟进，同样宣传“防上火”的概念。事实上，D是个落伍者——一直在为他人作嫁衣，正好帮助K品牌建立了领先地位，巩固了领先地位。

在中国江浙地区，人们喜欢喝黄酒，如花雕酒、女儿红。在消费者心智里，黄酒这个产品类别存在着品牌阶梯。在江浙之外的地区，人们没有喝黄酒的习惯，许多人认为黄酒只是一种烹饪调味品，也不存在黄酒的品牌阶梯。黄酒这类产品，面临着与凉茶类似的问题与机会。在中国江浙区域，各个黄酒品牌营销工作的核心——争取占领品牌阶梯的上层，或者争取在阶梯上占有一席之地。但是，面对整个中国市场，黄酒品牌营销的首要任务，不是向人们销售黄酒，而是要像K品牌一样，首先不是卖凉茶，而是告诉人们正确的概念——黄酒是什么、有什么好处，先建立起正确的品类概念，然后再占领品牌阶梯顶端。这是非常关键的战略任务。

1. 领先者总是能够给人留下深刻印象

“第一个”与“第一名”，留给人们的印象总是尤为深刻。第一个进入人们内心的东西，很难改变其在人们心智里的印象。第一个占领人们内心的东西，很难改变其在人们心里的地位。前者就是人们常说的第一印象效应。后者就是人们所谓的领导地位效应。这两种效应，都是印象作用的体现。

第一印象效应。人们对事物的第一印象，决定了其对事物的整体看法。尽管人们并不真正掌握事物的整体面貌，但是依然很难改变其对事物的初次看法。在人们的心里，一旦从某个视角对事物形成了固定的认知，那么事物将长时间保持着被认知的形象。也就是说，一旦人们对事物形成印象，那么这种印象很难被改变。即便仅仅是非常肤浅的第一印象，那么这种十分表面化的初次印象，依然会被深深印刻在人们心里。尤为糟糕或者更为严重的是，人们会依据第一印象作出判断，以及采取进一步的应对行动。在对事物具备了整体认识之后，即使人们对初次看法有所改变，第一印象依然会印刻在记忆里，并在适当情景下发挥原始作用。

领导地位效应。“第一印象”效应已经非常强烈，“领导地位”效应则更加深刻。问题的不同之处在于，人们往往赋予“第一名”某种象征性的价值意义。不管是正面意义上的“第一名”，还是负面意义上的“第一名”，不但都会被深深印刻在记忆里，而且其所代表的意义也很难被改变。

2. 人们更加喜欢最好的那个事物，更加不喜欢最糟的那个事物

介于两者之间的事物，则既不会给人们留下深刻印象，也不会被赋予什么特别意义。无论什么东西，一旦被赋予一种象征意义，那么这个东西就不再是普通东西了，这个东西就开始与众不同了。领先地位的含义，往往与“最好”这种概念画等号，往往与“最优”这种形象相等同。由此可见，“第一个”与“第一名”，其作用如此之强大，与其对人们心智的抢先占领密不可分。这就是所谓的“先入为主”效应。

阶梯原则——你的品牌处于阶梯上的什么位置

品牌所能够采取的定位策略，取决于在品牌阶梯上的相对地位。人们头脑采用分类和排队的方法，存储与记忆所接受的信息，处理与记忆产品及品牌信息。因此，在人们的头脑中，犹如存在着一排一排的梯子，一个梯子代表着一种产品类别——品类概念，一层梯级代表着一个品牌地位——心理地位。

这种阶梯状信息存储结构，既代表品类概念又存储品牌信息，被称为“品牌阶梯或者品类阶梯”。人们头脑中一定存在品牌阶梯吗？不一定。如果人们头脑中不存在某类产品的品牌阶梯，那么营销者可以通过有效的营销手段，对人们进行引导、施加影响，帮助人们在头脑中构建、形成一个品类的品牌阶梯。

其方法十分简单：首先，在人们心智中植入品类概念——在许多时候，人们心智中已经存在品类概念；其次，在人们心智已经存在的品类中，抢先成为代表品类的领先品牌——在许多时候，人们心智中尚不存在领先品牌。人们心智中一旦存在品类的领先品牌，自然就会存在品类的第二品牌、第三品牌。这样，就形成了品类的品牌阶梯。

这就是说，如果人们心智中尚不存在一个清晰的品牌阶梯，即存在着领先品牌的空白，那么营销人员可以抓住这个难得的机会，在人们心中构建一个明确的品牌阶梯——占领品牌阶梯顶端位置。在人们的头脑中，对品牌概念印象越深刻，在品牌阶梯上位置就越高，品牌的价值地位就越高。反之，在人们的头脑中，对品牌概念印象越模糊，在品牌阶梯上位置就越低，品牌的价值地位就越低。当人们做购买选择的时候，首先对"可相互替代"的品类做出选择，然后对"在相互竞争"的品牌做出选择。这意味着：首先选择品类，然后选择品牌。从这个意义上看，品类为第一位的概念，品牌为第二位的概念。人们对品牌的选择购买，受到品牌心智地位的直接影响。这种影响作用，经常具有决定性意义。如果品牌在顾客心智地位越高，被选择的机会就越大。反之，如果品牌在顾客心智地位越低，被选择的机会就越小。这决定了定位的首要目标：在人们心智空间里面，让品牌占领品类阶梯顶端，让品牌成为产品类别的代表，或者让品牌代表这个产品类别，成为人们购买这类产品的首选对象。

在某些品类阶梯上，只有一个品牌占领着阶梯顶端。例如，谁知道第二个可以称为"终极驾驶机器"的汽车品牌？谁知道第二个可以称为"安全轿车"的汽车品牌？恐怕没有人知道。这是因为，在这两类产品阶梯上，各自只有一个品牌——宝马和沃尔沃。根本不存在第二个品牌，这样的品牌才是具有竞争力的品牌。

事实上，市场上存在着许多性能相近的汽车产品和品牌。这就是说，在"驾驶性能"与"安全性能"方面，一些汽车产品和品牌并不逊于宝马汽车和沃尔沃汽车。所不同的是，宝马汽车和沃尔沃汽车在品牌阶梯上所占据的地位——分别抢占了“驾驶”和“安全”这两个价值地位,其他汽车品牌很难占据相同的价值地位。在这个世界上——确切地说是在人们心里，存在第二“宝马”这样的汽车品牌吗？会有第二“沃尔沃”这样的汽车品牌吗？在人们心中不存在这样的品牌。

这为我们提供了一个启示：要想在品牌阶梯上占有一席之地，品牌应该拥有一个独特价值焦点。或者，要想在品牌阶梯上占有一席之地，品牌应该成为某个产品类别的首席代表。

1. 品牌阶梯的层级十分有限

品牌阶梯拥有多少层级？对于大多数产品来说，人们头脑中的品牌阶梯仅拥有三四个层级。在第三四层之后，一般不再存放什么品牌，或者随便摆上几个品牌，或者不再为品牌做排序。地位较低或者地位模糊的品牌，很难在人们头脑中留下什么印象。一个品类阶梯层级数目多少，取决于人们对产品类别的消费兴趣。人们对产品类别的消费兴趣越高，品类阶梯层级就会越多。人们对产品类别的消费兴趣越低，品类阶梯层级就会越少。一个品类阶梯的层级，一般不会超过 7 层。这意味着什么？品牌阶梯层级非常有限，品牌必须挤入品类阶梯。否则,只能扮演一个“被遗忘”的角色,只能处于一种“被冷落”的境地。这就是品牌阶梯层级对于营销的价值和意义。

2. 品牌地位与市场份额成正比

一个品牌所占据的相对市场份额，与品牌在阶梯上的位置成正比例关系。这种正比例关系，与人们消费选择的决策过程有关。人们在选择消费产品的时候，首先对相互替代的产品类别做出选择。在选择产品类别的基础上，人们沿着品牌阶梯的排列次序，从上向下逐个考虑选择购买。由此产生一种不平等现象——位于品牌阶梯越上层的品牌，被选择机会就越大；位于品牌阶梯越下层的品牌，被选择机会就越小。在人们心智的品牌阶梯上，占据第一位置的品牌，市场份额必然大于第二品牌；占据第二位置的品牌，市场份额必然胜过第三品牌。品牌阶梯的道理、价值与秘密，全部在于被选择的机会上，以及由此产生的市场份额上。

类别原则——率先创建新品类

如果不能在一个品类里成为第一品牌，那么就创造一个能够成为第一品牌的新品类。

占据人们头脑的难点是第一的位置被人抢占了。如果不是抢先进入某个品类的“领先品牌”，那也不等于没有超越领先者的“制胜路径”。如果不是驻足在顾客心里的“第二品牌”，那也不等于没有打败领先者的“胜算机会”。

在同质化竞争的环境里，新品牌层出不穷，新品类少之又少。人们对新类别的关注，胜过对新品牌的关注。当一个新类别出现的时候，总有人愿意做一些新尝试。获取胜利的机会在于：或者创造一个能够首先进入的新类别，或者寻找一个能够抢先占领的新领域，然后成为新领域或新类别里的领先者。这就是所谓的“类别法则”。

值得注意的是，一个新品类必须成为人们心智中认可的新品类。如果一个新品类不能存在于人们的心智中——被人们心智所接受、所认可，那么成为所谓新品类中的领先品牌，不但没有任何意义，反而会令新品类创建者损失惨重。

在人类历史上，美国通用电气曾经生产电视机、显像管、录放影机、音响及通信产品，雇用员工达5.5万人，分布全球45个国家，产品销售到100多个国家。

由于美国联邦政府的支持，美国通用电气在技术上遥遥领先。在广播风靡的时代，凭着顶尖的技术，成为全球无线电领域的领先者；在全球沉醉于无线电魅力的时候，通用电气率先发明了第一台黑白电视机，带领全球进入影像时代。

美国通用电气生产的大尺寸映像管产品，销售数量全球排名第一。电视机、录放影机、音响数量均居美国第一。1970年，美国通用电气全速向计算机行业进军。到1970年年底，通用电气的计算机在行业中稳居第二。

各种商业报刊连篇累牍地报道了这件事情。《商业周刊》杂志(1970年9月10日刊)说：通用电气向龙头老大万炮齐发；《财富》杂志(1970年10月刊)说：通用电气与最优秀的企业势均力敌。

然而，在不到一年的时间内，灭顶之灾出现了。《商业周刊》杂志(1971年9月25日刊)说：15亿美元的灾难袭击了通用电气。通用电气直接挑战第一企业的努力，惨遭失败。

通用电气为什么会失败？是技术因素，还是产品因素？是实力因素，还是声誉因素？似乎不大可能是这些因素。如果问题出现在这些方面，那些整天盯着企业的媒体，不会看不出其中的问题所在，更不会一边倒地认为一定会赢。问题一定出现在“某个看不见的地方”。这个看不见的地方就在人们的心里。

在人们的心智中，当时通用电气挑战的处于第一的企业代表着电脑产品，通用电气代表着电器设备，这是两种完全不同的东西。但是，通用电气不这样认为，它认为借助其在电器领域的强大地位，有能力对电脑领域的强大敌人发起直接进攻。这完全是一个错误。

为什么这样说呢？

1. 对领先者发动直线进攻，很难获得预期效果

在次第分明的品牌阶梯上，一个处于落后位置的品牌，直接向领先品牌发起挑战，根本没有成功的机会。小企业可能很容易认识到这一点，然而大企业却很难认识到这一点。当小企业变成大企业之后，往往也很难认识到这一点。人们往往认识不到一个事实——“大企业”不等于“大品牌”。在某一个领域里强有力的大品牌，不等于在其他领域里同样是大品牌。一个品牌的强弱程度，不在于其有多么显赫的血统，而是在于其在人们心智中代表着什么样的概念。一个品牌的推广力量，不在于其有多少资金的支持，而是在于其在人们心中拥有着什么样的地位。离开了在人们心智中的价值地位，大品牌就不再是一个“大品牌”；脱离了在人们心中的价值概念，大品牌就变成了一个“小品牌”。大企业总是认为，凭借其强大的资源支持以及品牌优势，可以直接挑战任何其他领域的领先者，可以直接征服任何其他领域的领先者。其结果经常事与愿违，往往铩羽而归，甚至一败涂地。

2. 填补人们心中的品类空白

打造品牌的首要原则，就是成为一个产品类别中的“第一品牌”，或者成为一个产品类别中的“领先品牌”。这不是说，如果不能在一个品类里占据领先地位，那么就应该针对领先者打一场攻坚战。所谓攻坚战，就是在既有产品类别里，与领先者直接正面交锋，与领先者争夺媒体攻势，与领先者竞赛优质产品，与领先者比拼完美服务。除非与领先者势均力敌，否则应该避免打攻坚战。这是因为，那些已经取得牢固地位的领先者，在人们心中已经变得坚不可摧，要从正面攻击很难取得进攻成效，反而会消耗大量营销资源与时间。

针对领先者发动的攻坚战，不是打造品牌的有效途径。打造品牌的有效途径之一，就是要创建出一个新品类，然后成为新品类中的领导者。那么，如何创建一个新品类？

找到一个新领域，抢先进入这个新领域，在这个新领域里争取“做第一”。寻找一个新方向，抢先领跑这个新方向，在这个新方向上成为“领跑者”。创造一个新类别，抢先占领这个新类别，在这个新类别里争当“领先者”。分化一个新种类，抢先抓住这个新种类，在这个新种类里争作“主导者”。发掘一个老品类，抢先推广这个老品类，在这个老品类里充当“代表者”。

创建新品类的关键在于：创建一个新的产品类别，必须获得潜在消费者的认可与接受。否则，这个新品类就仅仅是创建者自己的新品类，而不是潜在消费者心智中的新品类。如果消费者不能认识并接受一个新品类，那么这个新品类就失去了营销意义。这就是说，若想要打造一个具有竞争优势的强势品牌，首先要创建一个能为人们接受的产品类别，然后再抢先占领这个产品类别的第一位置。这就是所谓的“创建新品类”。

属性原则——捕捉产品独特的属性

如果不能在人们心智中成为领先者，那么应该采取什么样的竞争策略？更低的价格，更好的产品？

在针对行业领导者的竞争过程中，大多数人采用“产品更好、价格更低”的策略。问题的关键在于：在针对行业领导者的竞争过程中，“产品更好、价格更低”这种策略，根本不占有竞争优势。处于竞争格局之中的品牌，无一不认为己方产品更优质，无一不认为己方价格更合理。“产品更好、价格更低”这两个因素，或许能够成为获取胜利的必要条件，但是绝对不能成为获取胜利的充分条件。实际上，“产品更好、价格更低”这种策略，不足以获取营销战的胜利。如果要赢得营销战的胜利，首先必须做到与众不同——在人们的心智中做到与众不同。

在企业的营销会议上，很少听到“六个西格玛”、“标杆管理”（这种质量管理词汇都是企业质量管理的方法）。但是，在企业高级管理层中，这种质量管理词汇则非常流行。谁会反对采用“标杆管理”的方法，以提升产品质量来应对竞争对手？谁会反对实践“六个西格玛”

的方法，以提升产品质量从而减少产品瑕疵？

实际上，企业高层管理者总是千篇一律地想要一样东西——更高的效率、更低的成本、更好的产品。这本身并没有什么错误，但是，这不是占据市场领先地位的方法。无数市场竞争的失败者，都曾经使用“更好的产品”这种策略，或者“更好的服务”这种策略，以试图超越现有的领先者。在商业的历史上，几乎没有一个第二品牌，因为“更好的产品”超越市场领先者。诸如劲量、百事可乐、《新闻周刊》……这些处在第二位置的品牌或者企业，依靠“更好的产品”策略，或者“更好的服务”策略，很难战胜前面的领先者。这些品牌或者企业，注定要在第二名的位置上挣扎，除非改弦易辙，改变竞争策略，做到与众不同。F 出租汽车企业，一心想要超越 B 出租汽车企业。“我们工作更努力”——这是 F 出租汽车企业的竞争策略。但是，F 出租汽车企业，从未缩短与 B 出租汽车企业之间的差距。“我们工作更努力”——这几乎是全球企业的管理格言。但是，“产品更好”这种竞争策略，从来都不会奏效。

D 电脑企业在个人电脑领域超越了 18 家企业，这不是因为比 18 家企业产品更好，而是因为与众不同——以直销方式取代零售方式，销售个人电脑产品；亚马逊企业是图书的网络销售领先者，这不是因为比巴诺书店的图书更好，而是因为与众不同——用网络购书取代了零售书店；B 出租汽车企业跃居汽车租赁的领先者，不是因为它比其他出租车企业服务更好，而是因为与众不同，专门提供郊区租车服务，而不是挤在机场的中转站。

这些案例告诉我们一个事实——我们无法依靠更好的产品获胜，

必须依靠不同的产品获胜。

1. 运用独特属性，区分竞争品牌

属性这个词，是一个被广泛使用的词。同时，属性也是一个未被真正理解的词。什么是属性？所谓的属性，就是一个人或者一件事在各个方面所具有的、各种性质的东西。在客观事实上，一个人或者一件事都是各种属性的集合体。属性这个词的真正含义：一个人身上或者一件事身上，所具有的，或相同的，或不同的，或独具的，或共有的，各个方面的东西。在一个人身上或者在一件事身上，能够寻找一种独自拥有的属性，可以寻找一个与众不同的属性，或者寻找一项特别突出的属性，用来区别与另一个人或者另一件事。尤其值得注意的是，人们经常使用这种方法，为不同事物贴上不同的属性标签，以对纷繁复杂的事物进行区分。在一个事物身上，某种具有显著差别的、拥有区分意义的属性，构成了事物所独具的东西——事物身上这种独具的属性，被人们称作特性。因此，那些可以称为特性的东西，构成了一种有效的区分标志——区分"一个事物与其他事物"的标志、区分"一个人物与其他人物"的标志、区分"一个品牌与其他品牌"的标志。

从这个意义上看，品牌的定位就是抢先占据独特属性。这个过程是：首先，寻找能够成为特性的属性，然后，抢先把这种属性送入人们心智，最终，成为品牌独自占有的价值属性。

2. 赋予品牌一个独特的价值属性

推广是一场认知战，不是一场产品战。一个品牌要想取得认知战

的胜利，需要占据一个与众不同的价值属性，由此形成一个独具特色的价值概念。这意味着，在己方品牌与竞争品牌之间，存在着一种有效的区分方法。

首先，在人们的心智中赋予己方品牌一种独具特色的价值属性。从而，在人们的心智中让己方品牌与竞争品牌有效地区分开来。其次，在人们心智中己方品牌拥有了一个与众不同的价值概念。或者说，让己方品牌拥有一种独具特色的价值属性，让一种独特的价值属性成为己方品牌的专有象征。从这种意义上看，赋予品牌某种独特的价值属性，成为品牌定位的有效途径之一。因此，在一个产品类别中，如果不能成为一个领先品牌，那么品牌应该聚焦在一个属性上。简单一点说，就是要寻找一种独特的价值属性，运用这种价值属性攻占人们的心智空间。

3. 在定位时为品牌寻找简单又有价值导向的属性

产品的同质化竞争，信息的过度化传播，产生一个客观事实——简洁成为一种有效的营销力量。无论产品多么复杂，无论市场多么复杂，用于定位的属性都不能复杂。这意味着，一种属性若想产生定位效力，应该保持简单而又拥有价值。保持简单而又拥有价值的属性，可以充当占领人们头脑的有效武器——既可以在人们心里占据一个有利的竞争地位，又能够在人们心中获得一种充分的价值信任。保持简单而又拥有价值的属性，可以让品牌产生一个简单而又强大的焦点。

定位，应该始终把品牌聚焦在一点上——聚焦在一种简单而又具有价值导向的属性上。与此相反，如果想要同时拥有几种价值属性，那么与脚踏两只船一样危险——什么都想得到，什么都得不到。相对于“多重的价值属性”，聚焦在“简单的价值属性”上，能够获取人们的更大信任，容易赢得顾客的更多选择。

聚焦原则——将产品聚焦于某一焦点上

在推广战争中，最强有力的概念就是在潜在顾客头脑中拥有一个代表自己特色的词汇。在上文说过，推广是一场认知战，不是一场产品战！品牌竞争力不是来自于资本规模，不是来自于厂房设备，甚至不是来自于产品本身，而是来自于品牌在人们心中的位置。在头脑争夺战中，关键是要在人们的头脑里建立某种不同凡响的声誉。头脑争夺战的有效武器之一就是品牌的代名词。品牌在人们心智里面拥有自己的代名词，是品牌竞争的力量之源。这就是说，要在人们的心智里面，让品牌拥有一个代表自己特色的表达语。要在人们的心中，让品牌拥有一个属于自己专有的代名词。要想在人们心里拥有一个属于自己的品牌代名词，首先必须把品牌价值聚集在某一个焦点上，让这个焦点形成一个能够占领人们头脑的品牌概念，然后用一个简明的词语把这个概念表达出来，让这个词语带着这个概念深入人心。这样，在人们的心里，品牌就会拥有一个属于自己的代名词。几乎所有品牌的成功，都源自于一个焦点——企业虽小，焦点强大；以小胜大，以强胜弱。

“以小胜大，以强胜弱”的关键，在于以“焦点集中”对“焦点分散”。这就是聚焦原则的价值所在。

E 企业是一家很大的纤维生产企业，其多种纤维产品在国际上占有重要地位。在经济全球化过程中，如果没有一个差异性的定位，那就必须拥有一个极具竞争力的价格。E 企业生产成本很高，为此该企业不希望采用低价格战略。因此，E 企业需要寻找一个有号召力的品牌定位，以在全球市场上建立有利的竞争地位。

E 企业最初使用过一个传播口号“一个具有国际地位的企业”。经过评估认为，这是一个毫无意义的宣传口号，它不能标示企业独特的定位，因为有很多企业都具有这种地位。后来，又使用过“奥地利工业的代表”的传播口号。经过评估同样否定了这个提法，人们不会关心谁是当地工业的代表。

E 企业也曾经用过一个很有意义的宣传口号“世界纤维领先者”。尽管“全球领先”是非常有号召力的定位策略，但是 E 企业的市场份额支持不了这个定位。E 企业的市场地位并不稳固，有时候是全球领先者，有时候不是。当时，纤维产品的全球市场份额分布是，E 企业拥有 15.1% 的市场份额。从数据上看，E 企业市场地位并不一定是纤维产品的全球领先者。

经过细致研究发现：E 企业可以通过收缩品牌焦点，找到属于自己的领先定位。在世界纤维市场上，E 企业领先推出了许多高科技纤维产品，其中包括技术领先的粘胶纤维。在粘胶纤维技术方面，E 企业获过很多技术奖项，拥有各种各样的技术获奖证书，还开发出了一些新的粘胶纤维产品。E 企业可以把品牌焦点聚集在技术领先上。这样，E 企业找到了属于自己的品牌定位——“粘胶纤维技术全球领导者”。

E 企业围绕着这个品牌焦点——“粘胶纤维技术全球领导者”，开展了整合营销传播活动。在所有营销传播活动中，E 企业反复强调品牌焦点——“粘胶纤维技术全球领导者”，以及“粘胶纤维技术全球领先地位”。在所有营销活动过程中，“粘胶纤维技术全球领导者”这个概念，都得到了充分的体现与强化。E 企业强调，自己一直在不断地改善与进步，以确保粘胶纤维技术全球领先地位。

E 企业通过介绍各种先进产品，体现自身技术领先地位。首先介绍纤维的特点与应用，然后提及 E 企业如何制造这种纤维产品。或者，提及其他粘胶纤维技术与产品。如在高纯度粘胶纤维领域，E 企业创造了一种纯度非常高、适用于医药行业使用的粘胶纤维。如今，在全球纤维产品市场份额上，E 企业真正成了“全球领先者”。

可见，企业及其品牌只有聚焦经营，才能形成品牌代名词。

1. 想拥有一个属于自己的代名词，必须寻找一个核心焦点

如果想让一个焦点形成品牌代名词，那么必须把品牌聚集在一个焦点上。这意味着，必须围绕核心焦点展开营销活动，必须围绕核心焦点组织运营方式，必须围绕核心焦点进行资源配置。品牌焦点与营销活动，必须在方向上保持一致。运营方式与资源配置，必须相互匹配在一起。进而，在人们的头脑里，才能形成一个清晰的概念，才能产生一个简明的词语，才能拥有一个品牌代名词。

聚焦的秘密：让品牌在一点上强大无比！太阳拥有巨大的能量，但是只有聚集在一起，才能发挥更大的作用。

2. 要想形成经营焦点，必须收缩品牌战线

人们很容易相信一种思维逻辑——扩张可以增加业务收入和营业利润。人们很少看到一个经营事实——收缩比扩散更能产生经营回报。当企业极力扩大经营范围的时候，结果毫无例外地会失去经营焦点，最终渐渐地失去原有的市场地位。因此，要想保持一个清晰的经营焦点，必须收缩企业的经营范围，而不是扩大企业的经营范围。只有收缩企业的经营范围，才能在某个领域中突出，才能在人们心智里留有品牌印记，才能拥有自己的品牌代名词。

拳头产生力量的秘密在于：把五根手指收拢在一起，然后朝着一个方向击打出去。

3. 要想形成经营焦点，需要拆分掉无关的业务

在多元化经营的诱惑之下，许多企业变成了“九头怪兽”。大多数管理人员认为，企业规模与实力、地位、权力、心理满足感成正比例关系。因此，拆分往往遭到管理层的普遍抵制，很少有人愿意把多样化的业务拆分出去。然而，面对专业化的竞争对手，“九头怪兽”仅仅是貌似恐怖，实际上很是不堪一击。当这些“九头怪兽”纷纷惨遭失败的时候，拆分就成了一种集中经营的有效工具。

竞争力的秘密在于：首先把全部资源整合在一起，然后朝着一个方向奋力奔跑！

第六章　品牌定位战略：成功关键在于抢占市场

抢占先机，优先占位

成功的关键在于抢占市场，抢占市场的关键就在于抢先在人们心智中建立起领先地位。

为此，首先需要考虑的问题是，品牌在什么领域能够获得领先地位？品牌在哪个方面能够获得领先地位？

这个问题的答案，不能在经营者的头脑里寻找，而是要在消费者的头脑里寻找。首先寻找一个“在人们头脑里未被占领”的空白领域，然后抢先占领人们头脑里这片未被他人所占领的空白地带，最后在这片空白领域建立起领先的顾客心中地位。简而言之，就是“寻找未被他人所占领的领域，抢先建立起领先的心中地位”。理解“空白领域”，应该掌握“两不”和“两是”原则。

“两不”原则：空白领域，不是指没人生产的产品项目，也不是指企业制造上产品生产的空白领域；不是指没人售卖的产品类别，也不是指商品市场上产品销售的空白地带。

“两是”原则：空白领域，是指没人认知的品类，指人们心中产品类别的概念空白；是指没人领先的品类，指人们头脑里品牌阶梯的顶端空白。概括起来说，空白领域，不是指产品生产和商品销售的空白地带，而是指人们心中品类概念和领先品牌的空白之处。

第一种情况是：在现实当中，某类产品可能已经存在于市场之上。但是，对于人们的心智来说，这类产品并未广泛地被人们所认知，这就是产品类别的心里空白。

第二种情况是：人们心里已经存在了某种品类概念。但是，在人们心智中，尚未出现代表这个品类的领先品牌，这就是领先品牌的心里空白。

抢占领先地位的含义包括四个关键环节：

关键环节一：空白与品类。在人们的头脑里，找到一处仍是一片空白的地方，找到一个未被他人占领的品类，找到一个能够成为第一的领域。

关键环节二：速度与抢先。要想抢先一步占领头脑空白，必须抢先一步进入人们头脑，必须抢先一步进入人们心里。这就是说，不能让人们慢慢对品牌产生认知，不能让人们慢慢对品牌产生好感。应该先于竞争者进入人们心里，应该先于竞争者占领人们心里。

关键环节三：第一与领先。在人们心里成为品类的第一品牌，在人们心智里建立品牌的领先地位。

关键环节四：心智与头脑。

空白与品类、速度与抢先、第一与领先，这三方面的概念都是专门针对人们心智与头脑的概念，不是专门针对市场与产品的概念。这些概念所指向的目标，都是头脑里的空白、心中的抢先和第一。这四个方面的环节，是抢先与领先策略的全部构成要素。所谓“快鱼吃慢鱼，关键在速度”。其道理在于：抢先占领人们头脑，抢先建立领先地位。

其好处在于：一步领先走，步步领先行。“建立起领先地，创造出领先优势”，关键还是要依靠速度。

可口可乐——可乐类饮料第一品牌，诞生于1886年；

百事可乐——可乐类饮料第二品牌，诞生于1890年。

如今，可口可乐仍然是可乐类饮料的领袖品牌和全球可乐饮料市场的领袖品牌。

从人们心智的角度看，抢先获得第一印象，会留下不可磨灭的印记。在人们的购买过程中，印刻作用不知不觉地影响着人们的选择。在某种程度上，这意味着，第一个品牌永远胜过跟随进入市场的品牌。

1. 人们总是倾向性地认为领先者最好

人们总是会倾向性地认为：首创品牌是原创品或正宗货，跟随品牌是仿效品或二流货。所谓“首创品牌”，不是指“第一个进入市场的品牌”，而是指“第一个占领人们内心的品牌”。品牌的这两种情况，可能会重叠在一起，也可能不重叠在一起。因此，“首创品牌”的含义，是指人们心里的首创品牌，即抢先进入人们心里的品牌，首先获得心智认知的品牌。正是由于这种原因，首创品牌往往成为人们衡量跟随品牌的对照标准——在人们心智里成为跟随品牌难以超越的品牌标杆。由于首创品牌在人们心智里具有标杆作用，因此最有可能成为人们心智里的领导品牌。在这个过程中，除非首创品牌自身犯下战略错误，从而为竞争品牌创造了可乘之机，使竞争品牌抓住机会而后来居上。否则，领先地位则非首创品牌莫属。在许多产品类别里，那些取得优势地位的领导品牌，都是首先进入人们心智的首创品牌。那些已经获得领先地位的首创品牌，不但在人们头脑里构建起品类概念，而且还牢牢地占据着心里阶梯顶端，成为仿效品牌不容易超越的心智标杆。

2. 效仿者的模仿行为，反而会强化领先者的地位

在人们的心中，一旦抢先者已经建立起领先地位，那么仿效者很难取代其领先地位；一旦抢先者已经树立起领先形象，那么仿效者很难拥有同样的领先形象。从这个方面来看，如果抢先者已经占领了人们的心灵，那么效仿者很难与领先者直接竞争。

从相反方面来看，直接对领先者的仿效行动，会使领先者显得愈加与众不同，从反方向愈加衬托出领先地位。直接对领先者的仿效行动，会对领先者产生三个方面的反衬作用：

不但起不到削弱领先者心智地位的作用，反而会起到强化领先者心智地位的作用；

不但起不到降低领先者心智地位的作用，反而会起到抬高领先者心智地位的作用；

不但起不到模糊领先者心智地位的作用，反而会起到强调领先者心智地位的作用。

其中的道理十分简单：首先，如果越来越多的人朝着领先者的方向走，那么人们会认为这个方向很重要。其次，如果越来越多的人宣传同一种东西，那么在人们心智里这种东西的代表者地位愈加突出。对此，只要保持压制性的领先地位，领先者就是最大的赢家。这种策略被称为“不排斥竞争原则”。“不排斥竞争原则”的运用，必须以取得牢固领先地位为前提。

3. 领先者的品牌名称，可能替代品类名称

一个产品类别里首创品牌的名称，可能被用于替代产品类别的名称。当人们想起这类产品的时候，人们只说出首创品牌的名称，不会说这个产品类别的名称。产生这种替代现象的原因是：首创品牌抢先进入人们心里，并建立了领先地位。同时，或许在一个相对较长时间段内，完全不存在能够与之相匹敌的竞争品牌。人们都知道首创品牌代表什么含义，用首创品牌名称代替产品类别名称，既简化语言且又不会引起语义混乱。当人们形成习惯之后，无论在产品类别里是否存在竞争品牌，人们仍会继续延用这种称呼习惯。这有什么营销价值？这种习惯意味着：人们不知不觉地帮助品牌强化顾客心里地位。这个过程包括：习惯性的行为与隐蔽性的效果。习惯性的行为是指：把首创品牌名称当作产品类别名称，把首创品牌当成一个产品类别代表；隐蔽性的效果是指强化首创品牌在人们心里的概念，巩固首创品牌在人们心里的地位。但是，首创品牌名称成为品类替代名称，还需要具备另外一个关键性条件，就是要有一个易于传播的品牌名称。

4. 领先地位成为品牌可信的最好证明

品牌在人们心里取得领先地位，是所有定位游戏的终极目标。在顾客心中的领先地位，也是品牌可信的直接证明，或者品牌可靠的有效担保。品牌一旦取得了领导地位，人们可能相信品牌的一切自我言论。其原因很简单：品牌的领先地位，其本身就构成了品牌可信的有力证据。在定位游戏里，领先地位已经成为一个极好的认知竞争平台。人们往往把“大”等同于成功、身份和领导地位，对“大”心怀羡慕、尊敬和赞美之意。因此，一旦品牌在业绩上成为领先者，一定要让人们知道谁是领先者，从而在人们心里成为领先者。对于跟随品牌来说，一个不肯自吹的领先者，是再好不过的便宜事。如果领先者不宣扬自身成就，那等于向竞争者敞开了大门。一旦竞争者抓住机会必将长驱直入，绝对不会给领先者留下一线生机。我们必须明白：一个企业要想壮大与发展，并非完全凭借产品与服务，尤为需要凭借的是，品牌在人们头脑里所构建起来的价值地位。

新旧品类的指代作用

一个新的品类，需要一个代表性的新品牌，倘若没有就要找到与强势品牌的关联度。这样人们在想到强势品牌的时候，才会努力想起你这个新品类。

一个新的品牌名字，可以与一个产品类别紧密地联系在一起，让这个新的品牌名字代表这个产品类别。同样，一个新的品牌名字，可以与一种价值属性紧密地联系在一起，让这个新的品牌名字代表这种价值属性。这两个关键发挥作用的过程，均需要借助品牌名称的指代作用，实现品牌价值的代表意义。

人们心中的品牌名称，如果能够与某个产品类别紧密地联系在一起，那么这个品牌就能成为这个产品类别的代表者。同样，人们心中的品牌名称，如果能够与某种价值属性紧密地联系在一起，那么这个品牌就会成为这种价值属性的代表者。这种具有代表意义的品牌，要么代表着一个产品类别，要么代表着一种价值属性。但是，在人们心中，一个品牌只能代表一样东西，不能同时代表两种不同概念，也不能让一个老名称指代一个新东西。同时，一个品牌的力量越强大，就越深刻地代表着一个概念，就不可能再代表其他概念。人们心中的品牌名称，就像地球上挖出的深洞。这个深洞可以继续挖深，却无法被转移到其他一个地方。如果想在另一个地方拥有同样一个深洞，那么只能在那个地方单独再挖一个深洞。这就是说，对于一个新产品类别，应该使用一个新的品牌名称。如果弱势品牌的成长机会在于创建出新品类，那么赢家总是那些专门为新品类而推出的新品牌，而不是那些延伸进入到新品类里面的老品牌。

1911 年，R 企业推出第一个全植物油品牌。理所当然，这个品牌成为领先品牌。事实证明：在一个新品类中，专门为新品类而推出的新品牌，总能成为新品类里的领先者。

随着时间的逐渐推移，人们开始消费蔬菜油。当然，R 企业又推出了蔬菜油。那么，谁赢得了蔬菜油的战争？不是 R 企业而是蔬菜油的专业化生产者——J 企业。其原因很简单：在人们心智中，R 企业生产的产品代表着植物油，不代表蔬菜油。

随着时间继续推移，玉米油开始闪亮登场了。当然，J 企业紧跟技术的发展，推出了 J 玉米油。那么，谁又成了这场玉米油混战的大赢家？不是 J 企业，而是玉米油的专业化生产者——W 企业。原因很简单：在人们心智中，J 这个名字代表蔬菜油，不代表玉米油。

由于不含胆固醇，玉米油获得了成功。人们自然想到不含胆固醇的“人造玉米奶油”。因此，J企业开发出了玉米奶油。那么，谁又是“人造玉米奶油”的获胜者呢？不是J企业，而是专业化生产“人造玉米奶油”的企业——Q企业。

历史在不断证明：在一个新品类里面，那些能够取得领导地位的品牌，都是那些专门为新品类而推出的新品牌，不是从“老品类”延伸而来的“老品牌”。其原因很简单：在人们心里，老品牌代表着老品类，而无法再代表新品类。在一个新品类里，需要存在一个新品牌，专门代表这个新品类。

1. 在没有专业品牌的新品类中，往往老品牌获得领先地位

在真实的品牌世界里，许多延伸品牌成为新品类的领导者。难道“新品类应该使用新品牌”的原则有错误？考察这些新品类的历史，就会找到新品类的真相。

真相一：在这些新产品类别中，不存在专门为品类而推出的新品牌。如果没有专门为新品类而推出的新品牌，那么延伸品牌会成为新品类里的领先者。如果没有专门为新品类而推出的新品牌，那么使用老品牌不会产生什么大问题。这是因为在新产品类别中，如果不存在专门为新品类而推出的新品牌，那么延伸进入新品类的老品牌，能够借助在原有品类里的品牌声望，在新品类中获得一定程度的营销成功。这种品牌延伸成功，关键有两个方面的条件：首先，在新品类里面，不存在专门为新品类而推出的新品牌；其次，在老品类里面，老品牌在顾客心智里拥有怎样的地位。

真相二：在新产品类别中，即便存在着专门为新品类而推出的新品牌，如果新品牌没有获得充分的营销资源，亦不能在人们心智里成为新品类的代表者。这就像用火箭（资源）发射飞船（品牌）。飞船要想进入预定的轨道，必须依靠火箭（资源）的助推力。因此，一个为了占领新品类而专门推出的新品牌，如果不能在人们心里成为新品类的代表品牌，那么抢先进入新品类也不会产生太大的竞争优势。这里的关键是新品牌与老品牌，哪方拥有充足的资源，从而能够抢先占领人们的心智。

2. 与老品类做对比，很容易让人们对新品类产生认知

人们为什么要把一个新的品类放入自己的心里？怎样让一个新的品类进入到人们的心智里？有效的方法是：把新品类放入到人们的心里，可以用新品类去攻击旧品类。具体来说，新品类可以通过针对老品类进行定位而进入人们的心智里。新品类可以通过把老品类当成对立者而进入人们的心智里。通过新老品类的对比与对立，让人感们觉到新品类的存在与价值，以及新品类独特的与众不同之处。定位的秘诀是：要“不同”，勿“相同”。

软性地攻击强势品牌

不要对领先者发动直接进攻，而是要学会软性地攻击。

这是因为，消费者的头脑根据既有观念，做出选择性决定——接受什么样的信息，拒绝什么样的信息；相信什么样的观念，不相信什么样的观念。对于品牌的信息与观念来说，人们愿意接受与头脑品牌阶梯相匹配的新信息，拒绝接受与头脑品牌阶梯相抵触的新信息。如果不是品牌阶梯上的领先者，那么将很难与领先者直接争锋。请注意，此处是指直接争锋，即采用与领先者一样的方式进行市场竞争。进一步来说，落后者无法使人们接受落后者与领先者一样优秀；落后者很难让人们承认落后者比领先者做得更好；落后者不能使人们确信落后者能取代领先者地位。对于定位来说，两点之间的直线进攻距离，不是赢得战争的有效路径。由此可见，人们心里的落后者，不应对领先者发起直接攻击。直接与领先者争夺领先地位，不但结果是徒劳无功，还将消耗巨大的资源。对于人们头脑里的观念，要像对待战场地形一样——要正视而不能无视，要重视而不能轻视，要顺应而不能违背，要抓住而不能脱离，要利用而不能抛弃。

C乳业刚刚进入市场时，遇到过这样一个难题：怎样把品牌推荐给消费者？怎样使品牌迅速在行业中占有一席之地？H牛奶是乳业老大，C乳业能否做个老二？抑或老三呢？于是，C乳业将自己与H牛奶巧妙地联系在一起。

在H牛奶和C乳业的所在地——中国内蒙古呼和浩特，人均牛奶拥有量位居中国第一，人均牛奶消费增长速度位居中国第一。据此，C乳业提出了倡议："建设我们的共同品牌——中国乳都，呼和浩特。"C的广告主题是："为内蒙古喝彩"。C的广告词是："千里草原腾起伊利集团、兴发集团、C乳业；塞外明珠照耀宁城集团、仕奇集团；河套峥嵘蒙古王，高原独秀鄂尔多斯……我们为内蒙古喝彩，让内蒙古腾飞。"

这样，C乳业就将自己列入了内蒙古一些著名企业之中。当然，最重要的是将自己与乳业老大——H牛奶联系在一起，开始在人们心目中树立起中国乳业第二名的形象。

1. 充当领先品牌的对立品牌

在品牌的市场争夺战争中，做一个“与领先者对立”的品牌，胜过做一个“与领先者相同”的品牌。从根本上做领先品牌的对立品牌，胜过作领先品牌的效仿品牌。就像“石头、剪刀、布”游戏一样，赢得胜利的关键在于：根据对方的策略，采取完全相反的策略。这就是定位的“对立原则”。要想赢得与领先者的竞争，不是要与领先者趋同，而是要与领先者对立。这就是说，打败领先品牌的有效策略，不是做领先品牌的效仿品牌，而是做领导品牌的对立品牌。打造品牌有两条捷径：做第一，让品牌成为一个品类的领导品牌。做第二，让品牌成为领导品牌的对立品牌。对立之所以有效，关键原因在于：领先品牌的强势地位。在人们心里，领先者地位越强大，对立者效果越显著。从本质上看，这种对立策略属于借力打力，借助领先者的心里地位，突出对立者的心里地位。

2. 利用领先品牌地位，提高己方品牌地位

对于绝大多数品牌来说，在人们心智里不具有什么价值地位，不可能与领先品牌直接争锋。但这不意味着领先品牌不可接近。在一些竞争格局里，一些不具有顾客心智价值地位的品牌，可以利用领先者的地位提高自身价值地位。这就是说，领先者的身份与地位，可以为

落后者所利用。缺少顾客心智地位的落后者，应该巧妙地寻找机会与视角，借助于领先者的地位和身份，提高已方品牌在人们心智里的价值地位。这种定位方法，被人们称为“比附定位”。

比附定位有两种常用方法：可以寻找一个定位视角，把落后者与领先者及其地位对等起来。可以利用某些个别机会，把落后者与领先者及其身份联系起来。其效果在于：把落后品牌与领先品牌相挂钩，利用领先者的身份与地位，充当落后者的注解与说明，以此提高落后者在人们心智里的价值位置，以此提高落后者在品牌阶梯上的竞争地位。

比附定位的效果，关键在于两个方面：一是在于巧妙——联系得上，二是在于真实——人们相信。否则，会弄巧成拙。至于具体的比附策略运用，将在下一章比附推广中作具体说明。

阶梯式定位抢占市场

成为第一固然重要，守住第一更加重要。这就需要采取阶梯式定位方法抢占市场。

领先者，应该懂得认知战争的阶段与过程。进攻与防御，既是战争的两个阶段，也是战争的两件事情。“能够成为第一”，仅仅是一件事情,仅仅是战争的第一阶段。这个战争成果,往往通过进攻获得。“能够保持第一”，则是另一件事情，是战争的第二阶段。这个战争成果，往往依靠防御获得。这两者是完全不同的两件事情，是完全不同的两个阶段。在人们的心智里，如果一个品牌抢占了第一位置，那么这个品牌必须守住领先地位。既不要让潜在顾客找到理由改变品牌在人们心里的领先位置，也不要让竞争对手找到机会取代品牌在人们心里的领先位置。值得令人注意的是：领先者往往为竞争者创造机会，竞争者经常抢走领先者地位。在绝大多数情况下，不是竞争者抢走领先者地位，而是领先者为竞争者创造机会，为抢走领先者地位创造机会。领先者要想守住已有的领先地位，必须采取积极主动的防御性战略，不断地针对自我发起进攻与挑战。

X 汽车品牌，是第一个进入美国市场的日本豪华汽车品牌。1986 年 3 月，美国汽车市场上，X 汽车企业卖出了第一辆汽车。1989 年 9 月，在美国汽车市场上，S 汽车企业也卖出了第一辆汽车。1989 年 12 月，美国汽车市场上，X 企业卖出了第 100 辆汽车。毫无疑问，在美国汽车市场上，X 成为日本豪华轿车的第一品牌。直到 1999 年，在美国汽车市场上，S 终于超越了 X，成为日本豪华汽车的领先品牌。这就是说，S 汽车用了 10 年的时间，超越了早于自己诞生的 X 汽车。

这不是因为 S 汽车的策略更加高明，而是因为，X 汽车自身的品牌战略出现严重失误。结果是 X 优势品牌断送了“日本豪华汽车领先品牌”的地位。那么，X 品牌为什么没能守住“日本豪华汽车领先品牌”的地位呢？想要理解推广的结局，必须研究品牌定位的历史。

X 品牌怎么了？ X 品牌对于自身的信仰不够坚定。X 不再是一个“纯粹”的豪华汽车品牌。1989 年 S 推出的那一年，X 正在使用两个分品牌，销售着两种型号汽车，售价为 11 950 ~ 15 950 美元；与 S 汽车相比，X 的车型更加豪华，引擎动力更加强大，其平均售价却低于 S 汽车数百美元。像所有高端品牌一样，高价位本是一个奢侈品牌的有力说明——便宜是豪华的天敌。

如果一个豪华品牌推出低端产品，那么将吸引更多的低端消费者购买。实际上，X这个汽车品牌，已经向低端产品倾斜。X的问题恰恰在此——虽然在销售豪华汽车，但是并没有专注于这个目标。因此，X豪华汽车的“豪华”地位被S汽车夺去。

改变消费者的心理需要很长的时间，营销本质是一门“实践心理学”。S汽车的案例告诉我们，如果没能成为第一个，那么仍然可能取得成功。首先保持品牌经营焦点不被分散，然后等待竞争对手丢失经营焦点。这样，尽管不会马上实现对领先品牌的超越，但是一定会出现超越领先品牌的机会。这就是所谓的“不可胜在已，可胜在敌”。

1. 在人们心中做第一，而非在市场上做第一

品牌要想取得成功，捷径是“做第一”。人们知道“做第一”的重要性，但是人们不知道在哪里“做第一”。“市场第一”与“心智第一”，两者经常被混为一谈。这是最常见的错误，亦是最致命的误区。要想避免对“做第一”的不正确理解，必须辨别三个方面的误区：

不是在产品市场上做抢先品牌，而是在人们心智中做抢先品牌；

不是在销售规模上做第一品牌，而是在人们心智中做第一品牌；

不是在技术领域上做领先品牌，而是在人们心智中做领先品牌。

这不意味着，这三个方面的“前者”不重要。“前者”必须到达“后者”——客观领先必须获得心智接受，这种领先作用才会形成发酵效应。对许多品牌的研究发现：在众多领先品牌中，只有少数是真正第一个进入市场的品牌。其根本原因在于：尽管许多品牌第一个进入了市场，但是却没能第一个进入人们心里。其中关键在于：抢先获得顾客对品牌的认知，即要在人们的心智中，成为一个品类的象征或者代表。

2. 从跟随到超越，阶梯式前进

在一个品类创建之初，第一个进入市场者往往不存在直接的竞争者，因此能够独自享受着整个市场份额，独自收获着整块市场利润，并尽情地体验着收割的忙碌，以及享受着收获的喜悦。此时，第一个进入市场者往往意识不到在人们心智中“做第一”的重要性，也根本不知道在人们心智中“做第一”的重要性。但是，如果收获者不能抢先在人们心智中“做第一”，那么就等于给竞争者提供了抢先在人们心智中“做第一”的机会。这种“后来者居上”的过程十分简单——跟随者紧跟先行者进入市场，由于先行者未能占领人们心里，故此跟随者有机会抢先进入了人们心里。或许，跟随者同样不知道要在人们心中“做第一”的重要性。但是，跟随者存在针对、超越“先行者”的竞争想法。于是，跟随者抢先对消费者发起营销攻势。结果在人们的心中，跟随者反而后来居上，占据了人们心里的第一位置。自此，第一个进入市场者开始失去市场份额，开始流失销售利润。

第七章 品牌定位技巧：与推广有机结合

借助推广，让品牌占据领导地位

通过推广，让品牌占据领导地位，“做第一”，胜过在市场上“努力做”第二。

在中国内地市场，如果打算购买一台个人品牌电脑，可供选择的品牌非常多，仅本土企业生产的产品，就超过20个品牌。如今，一些品牌早已消亡，一些尚存的品牌状况也不算太好。不是因为这些产品不好，关键是这些品牌不好——这些品牌在人们心智中的地位不高。如果这些产品都贴上领先品牌的商标，那么这些产品绝不会比领先品牌逊色。差别不在产品本身上，而在顾客心里。因为顾客不认为这些品牌好，所以这些品牌或者已经消亡，或者在市场上挣扎。

在中国本土品牌中，哪个品牌最好？假设大多数人认为M最好。N不好吗？或许也不错，但是M更好。这就是绝大多数人的想法。事实上，仅就生产技术而言，N丝毫不逊色于M。对于产品制造的历史与经验而言，甚至绝对优于M。两者不同的发展历程，足以证明这个观点。

M的发展历史：依靠代理销售电脑起家。N的发展历史：依靠生产电子产品起家。当M还在做贸易的时候，N已经开始生产电子产品了。事实尽管如此，人们依然不会改变对 M 的看法，人们也不会改变对 N 的看法——N 丝毫不逊色于 M，对于这种说法人们充满怀疑，甚至根本就不愿意相信。

对于电脑产品来说，品质真相是什么？无论是贴着标签的品牌电脑，还是组装电脑，无论是 M 电脑，还是 N 电脑，本质上没什么太大差别。不同之处在于，在人们心里的地位不同。大多数人认为 M 最好，这是因为，在本土品牌里面，M 占据着领先地位，是人们心里的“第一品牌”。M 这个名称，代表了电脑这种产品概念。在个人电脑领域，当 N 遭遇 M 的时候，竞争的天平一定会偏向 M 一边。如今，N 早已退出了电脑市场。M 这个品牌，仍然站在“第一品牌”的位置上。这就是领先地位产生的光环效应。占据第一的领导地位，胜过“努力做”。这个商业游戏规则，得到了充分证明。

1. 抢占品牌阶梯的顶端位置

从心里地位角度看，让品牌占据市场顶端位置具有特殊的价值意义。这种价值源自于独特的心里含义：是一个产品类别里的第一品牌、代表品牌、首选品牌。抢先占领品牌顶端，具有心智意义上的价值地位——人们心智里的“首选品牌”、“代表品牌”、“第一品牌”。“分类与排队”的信息处理方式，决定了“第一品牌”的心智价值意义。“抢占品牌阶梯顶端”，其含义为：抢先获得人们的心智认知，抢先成为人们心智中的领先品牌。从品牌发展历史来看，第一个进入产品市场的品牌，不一定能够成为领袖品牌。第一个占领人们心智的品牌，大多数能够成为领导品牌。这是因为，一旦品牌抢先占领顶端地位，人们心智很难改变对品牌的价值印象。由于这种原因，抢先占据品牌顶端，拥有难以超越的初始竞争优势，拥有难以企及的心智竞争优势。概括起来说，抢占品牌市场顶端地位，成为认知竞争的首要目标，成为定位游戏的首要原则。

2. 要问“哪个品牌最好”，答案总是：“占据领导地位的品牌最好”

这不是因为有领导地位的品牌在客观事实上最好，而是因为，有领导地位的品牌在人们心智认知中最好。如果不是人们心智里的“第一品牌”，那么很难说服人们相信品牌“胜过第一”。对于“哪个品牌最好”这个问题，人们宁愿相信“领先者的地位与声誉”，也不愿意相信“追随者的劝说与证明”。

如果不是人们心里的“第一品牌”，即使比“第一品牌”做得更多，也很难获得人们的认同与认可。如果不是人们心里的“第一品牌”，即便比“第一品牌”做得更好，也未必得到人们的信任与支持。同样的道理，如果不是人们心里的“第一品牌”，纵然堪比“第一品牌”，人们总认为是“夸大其词，自我吹嘘”。如果不是人们心里的“第一品牌”，纵然超越“第一品牌”，人们也认为是“王婆卖瓜，自卖自夸”。人们这样认为的理由，既十分简单且又非常坚决。那就是：如果这个品牌真是“如此之好”，那么这个品牌早就是第一了。这个品牌怎么没能做第一？对于第一品牌，效果则恰恰相反。如果能够成为人们心里的“第一品牌”，不需“第一品牌”多说什么，人们也总是认为“第一品牌最好”。如果能够成为人们心里的第一品牌，纵然“第一品牌”存在缺陷，人们也愿意相信“这是偶然现象”。

这种现象被称为："做领导者"胜过"努力做"。与"努力做"相比，"做领导者"更容易获得人们信任。与"做得好"相比，"做领导者"更容易吸引人们购买。其中的原因很简单，即领先者头上总是会产生光环。这种品牌光环，只能照亮自己，不能照亮别人。不但如此，跟随者的亮点以及领先者的暗点，也被一起湮没在领先者光环背后。

加强推广，强化名称在顾客心中的形象

在推广中，品牌名称的好坏对推广效果起到重要作用，它能强化品牌在顾客心中的形象。

企业在为品牌起名字的时候，不应起一个没有任何具体内涵的名称。没有任何具体内涵的名字，看起来用在哪里都合适，听起来不知代表什么意思。因此，在起名字的时候，应该寻找一个具有特定含义的、代表行业特性的、切合市场环境的词语，用来阐述产品或服务的关键价值属性，表达产品或者服务主要利益特点。

Q 大陆集团有限企业和 P 大陆企业，这两者之间的区别是什么？

从名字上来看，看不出两家企业有什么本质上的区别。实际上，Q 大陆集团有限企业是一家罐头企业。P 大陆企业则是一家保险企业。为什么要放弃能够表达"罐头"和"保险"本质特性的词汇，却使用"大陆"和"集团"？对于一个品牌而言，这样的词汇说明不了多少问题。答案是：他们不想只卖罐头和保险。

使用一个没有具体内容的通用性名字能说明企业身份吗？不大可

能。许多企业都在使用“大陆”充当自己的名称。例如，大陆航空企业、大陆石油企业、大陆电话企业、大陆谷物企业。这些以“大陆”命名的企业，全都是身价数十亿美元的企业。当有人提及“大陆”这个企业名称的时候，人们搞不清楚究竟指哪一家“大陆”企业，也分不清所指的“大陆”，究竟是“此”大陆企业，还是“彼”大陆企业。当然，对于以“大陆”命名的企业，人们很难有什么深刻印象。

如今，Q 大陆集团有限企业和 P 大陆企业已不再是独立的企业。Q 大陆集团有限企业把名字改了回来，成为休闲食品企业的一个业务分支机构。

1. 名字通用不代表好推广、容易深入人心

在早期的市场上，拥有通用性名称的企业，由于其领先地位而获得了成功，由此起到了巨大的示范作用。因此会误导人们认为，企业要想获得成功，应该起一个通用性的大名字。让人们看到、听到通用性名字，产生无所不能、无处不在的印象和联想。从而，让人们信任和记住通用性名称。然而，通用性名称同时也为品牌设下了定位陷阱。

2. 通用名字难以让品牌在推广过程中，从人们心中突出

通用性品牌名称所存在的问题是：不能把己方品牌从竞争品牌中区分开来，不能从产品类别中突出。无论听起来，还是看上去，通用性名称都像是一个产品类别的名称，都像是一个行业领域的名称。对于潜在顾客而言，通用性名称缺乏敏感度，难以引起人们的注意力，难以在人们心中留下一个深刻的印象，难以在人们心智中代表一个独特的概念。通用性名称虽然拥有了自己的名称，但是不能表达独特的价值概念。

比附推广，借竞争者势头衬托自我地位

比附推广就是领先者应联合自身品类的竞争者，以抗衡其他品类的竞争者。

20 世纪 70 年代，日本 B 企业开发出了一种能够播放家庭录影带的机器，1975 年开始在商店销售，当年仅在美国就售出了 30 000 台。一年之后，B 企业的竞争对手 C 企业推出了 113(家庭影像系统) 格式的录像机。1977 年 1 月，又有四家日本企业开始制造、销售 113 制式的录像机。B 企业从一开始就不愿意发放技术的许可证，也可能是 B 企业不能够发放技术的许可证，而 C 企业却十分乐意与其他企业分享录像机的技术。正是由于这个原因，录像机制造商和录像带制造商，都愿意选择生产 113 制式的产品。

虽然 B 企业引领了技术进步，但是 C 企业与其他机器制造者追赶的速度并不慢。B 企业首先推出高保真度音响设备，几周之后，C 企业也推出了高保真度音响设备。不过，大多数专家认为 B 企业录像带的质量要好于其他竞争对手。虽然 B 企业一直宣称其产品是技术优越的格式，但是录像带的拥有者越来越认识到 B 企业产品格式的一个严重缺点。C 企业的机器可以录制较长时间的影像，而 B 企业产品格式的机器只能录制一个小时的影像，这意味着不能用一盒录像带录制完

一部电影或者一场足球比赛。

为达到更高的品质标准，B企业使用更大、速度更慢的录像带。这导致一部电影有时要使用3盘盒带才能播完，这让消费者和零售商都感到十分懊恼，因为在收看期间必须更换盒带。这让C企业有了成为领导者的机会。C企业成功的因素是，用一个盒带就能看完整部电影，虽然C企业产品格式的图像和声音不如B企业产品的制式那么好，但是不用在看电影中间站起来更换盒带，这对于消费者来说，C企业提供的价值更重要，而B企业提供的价值对消费者并不太重要。到20世纪80年代初期，由于两种格式不兼容，消费者只能在B企业产品和C企业产品两者中进行选择。很快，B企业就感受到存在的压力。自1981年起，B企业产品制式的机器迅速失宠。同时，竞争对手开始将录像机价格降至低于B企业录像机的价格。1982年，价格战愈演愈烈，B企业被迫加入价格战。1982年，在整个市场份额中，B企业的市场份额仅占25%。

三年之后，C企业的市场份额超过了B企业。从此，战争结束。

《时代》杂志认为B企业的失败原因在于：当初，B企业将技术据为己有，拒绝向其他企业发放格式许可证，而C企业却与大量企业分享技术秘密。同样，B企业录像机仅由B企业生产，这意味着无法满足数量日益增多的使用需求。

在B企业开始生产机器的时候，并未放弃制式录像机的生产。2002年8月22日，B企业才最终宣布中断制式录像机的生产。B企业在声明中说道："由于数字化机器和其他新录像机制式控制了市场，旧机器的需求持续下降，获得零部件不再那么容易了"。此后，B企业录像机遇到来自C企业影碟机迅猛发展的威胁。由于不同的格式之争，为B企业技术发展制造了破坏性的障碍，因此延误了在市场上的飞跃。2002年，B企业终于决定与八个竞争者联手，创造一个共享的格式。这意味着B企业这次不会再被甩在一边而成为局外人。

1. 新品类的开创者，仅靠自己做不大新品类

如果品牌成为一个新类别的领先者，那么就应该努力把这个新类别的馅饼做大，而不是紧紧盯住馅饼的一小块。领先者，应该带领跟随者，与替代品类展开消费者选择的竞争。一个成长着的新品类，总是会不可避免地出现跟随者。新品类中的领导者，不应把注意力放在“驱逐跟随者”上面。事实上，领先者不可能把跟随者“驱逐出境”。尤为重要的是，在人们的心智中，追随者产生的“反衬作用”，往往帮助领导者塑造领先地位。如果没有追随者，那么领导者“做不大”新类别，亦“做不大”新市场。这不是说，领先者不需要与跟随者竞争，只是竞争的着力点不同——不是“驱逐跟随者”，而是“保持领先地位”。领先者应该采取的竞争方式，是不断地自我挑战、自我攻击和自我否定，不断地推陈出新，不断地与跟随者拉开距离，把竞争者远远地甩在自己的身后，保持自己在行业里的主导地位。

2. 领先者与竞争者的关系，是一种既竞争又合作的竞合关系

竞争关系，体现在领先者想要保持“领先地位”，竞争者想要挑战“领先地位”。合作关系，则是体现在双方要面对“共同的外部环境、挑战和风险”。这种“共同的外部环境、挑战和风险”，构成了领先者

与竞争者的共同利益基础，需要领先者与竞争者联合起来，才能产生更加有效的应对效果。领先者，应该利用其行业代表者的身份和地位，与竞争者结成利益同盟，共同应对外部的环境、挑战和风险，以期获得更大的市场空间，避免更大的经济损失，应对共同的行业危机。在这个过程中，领先者将是最大的受益者。

第八章　品牌定位案例：卓越企业品牌的定位之道

落实行动，为顾客留下好印象

一个简单明确的企业定义是定位工作的好起点。最好的企业定位不仅是一个定义,而且是要落实在行动上的。有时,文字本身也代表着行动。

以施乐公司最近实施的企业定位方案为例，分析定位是如何奠定江山之基的。

在美国《商业周刊》杂志中，有一则关于施乐公司的故事。施乐是第一个销售普通纸复印机的企业，杜邦是第一个经营尼龙的企业。施乐在哪方面能成为第一呢？

像施乐这样的企业有可能在三个领域树立其领先地位。

一是产品领先。根据最近在年收入 13 万美元以上的大学毕业生当中进行的一项调查显示，施乐在这方面做得相当不错。它虽赶不上通用汽车企业，但也不至于像美国汽车企业，而是介于两者之间。

其实，施乐、陶氏和联合碳化物这三家企业并列第二，从统计学的角度来看，相互之间的差距并不大。

谁是第一？当然是杜邦。

在特富龙、尼龙和涂纶等产品开发上的成功，使杜邦稳居第一。想通过与杜邦进行正面竞争，建立产品领导定位是毫无希望的。

二是运营领先。这在当前意味着维护自由企业制度。

施乐有可能做第一个倡导自由企业的企业吗?

显然不能。广告理事会与美国商业部和劳工部在1976年联合发起了一个规模庞大的项目，旨在解释“美国经济制度及你在该制度中的角色”。

诸位都知道这是个庞大的项目，从40年前的沃纳·斯沃塞运动开始,许多企业也都一直在倡导自由企业制度。联合化学企业也以“为人民而盈利”为主题进行过平面广告宣传活动。

“经济类广告太嘈杂了”,《纽约时报》对大量的自由企业制度宣传活动给予负面评价。

定位的一个基本原则是，避开那些人人都在谈论的领域，即风尚。若要取得发展，企业必须开辟无人涉足的新领域。

三是行业领先。施乐在考虑该项目时，有一点是十分明显的：化工产品正在受到攻击。公众每天都在报纸、杂志和电台电视上看到或听到有关化工产品的坏消息。

这些新闻传递的信息十分强烈:“化学品会致癌。”

当时，一股非理性的反化学品情绪正席卷全国。全国广播企业晚间新闻的评论很有代表性:“人们在这一点上几乎观点一致：如今发生严重的化学事故的概率要远远大于发生核事故的概率。”这个问题很严重，在损害人类健康的各种原因中，化学工业成了首恶。

施乐决定为化学品主持公道，告诉公众化学物质既有危险，也有益处。

“没有化学物质，生命不可能存在”，这是施乐企业宣传计划的主题。它的第一个广告传递了下面的信息：

有人认为凡是“化学的”都是坏的，凡是“自然的”都是好的。然而，自然本身就是化学的。

植物通过光合作用过程产生我们所需要的氧气。你在呼吸时，你的身体通过血液的化学反应吸收这些氧气。生命是化学的。有了化学品，像A这样的企业就能帮助你改进生命的质量。化学品能帮助你活得更久。佝偻病过去在儿童当中是常见病，后来人们在牛奶和其他食物里添加了一种名叫维生素的化学品，这种病就明显减少了。

但是，在任何时候、任何地方，无论是在自然界还是在实验室，没有一种化学品是完全无害的。真正的关键在于正确地利用化学品，让生活更精彩。

施乐企业为什么要为这个实质上是全行业的问题发表见解？

为了使自己成为化学工业里公认的领头羊，施乐必须做一个领先企业应该做的事情，这就是，为全行业说话。

如果等别人来开这个头，施乐便失去建立领导地位的大好机会。

在生活中，时机就是一切。1976年化学工业的形势分析表明，形势好转了。公众舆论从此后很可能更有利于化学企业，不管施乐企业努力与否。

自然，“生活中的化学常识”宣传可能加快了这个转变，而施乐会从中受益匪浅。

根据一项调查，公众对化学工业的支持率在不到两年的时间里从36%上升到了42.1%，同期，公众对石油业的支持率则从37%下降到了22.9%。

对施乐企业之举的最高褒奖是在1979年《商业周刊》上的一篇文章，该报道称："这是由施乐企业在1977年率先发起的。该企业董事长约翰·汉利看到化学品每次扮演的都是恶棍，认为是时候做些什么了。那年，该企业在树立形象方面花费了450万美元，而且从那以后每年的花费都不低于甚至超过这个数目。B紧随施乐之后，也拨出400万美元开展此类广告宣传活动。"

可见，在企业定位工作中，领导地位是可以在银行里兑换成现金的。无论你是化工企业、银行还是汽车制造企业，只要客户对你有好印象，你就永远比竞争对手做得出色！

想要找到独特定位需持之以恒

如今，机票价格不像过去那么贵了，世界成了旅游者的天下。

在过去，国际旅游只限于那些年长的、富有的人。如今，这一情况发生了彻底的变化。曾几何时，空乘人员年轻，而乘客年老。如今，年轻的是乘客，年长的倒是乘务员。

在各显神通争夺国际乘客的16家北大西洋地区大型航空企业里，有一家是比利时的航空企业（简称T）。当然，并不是所有的竞争者都在同一起跑线上。如几年前，T在美国只有一个门户城市：纽约。所以，如果当时你不想去布鲁塞尔，就不能乘坐它的航班。除非遇上了劫持者，否则，T航空企业的每架飞机都会在比利时着陆。

T航空企业尽管在飞往比利时的航线上占据了最大的份额，但这仍然少得可怜，因为飞往这个国家的人并不多。

在潜在顾客心智的国家中，T如果还在这个阶梯上的话，也只能位于倒数几层。

T航空企业的广告错在实施的是传统的航空企业战略：宣传食品和服务。

一则典型的广告："必须是美食家才能乘坐T航空公司的航班吗？"然而，世界上所有的美食也不会吸引你去乘坐不飞往你目的地的航班。

1. 最应该定位的不是T航空企业

T航空企业最有效的战略不是给企业本身定位，而是给国家定位。如荷兰皇家航空企业为阿姆斯特丹定位那样。

如何给一个国家定位呢？人们一般对最成功的国家都有一些深刻的印象。

以城市为例，人们的脑海中，纽约也许是一片高楼大厦的剪影，旧金山也许是缆车和金门大桥，克利夫兰也许是烟囱林立的灰色工业城。

显然，伦敦、巴黎和罗马都是第一次去欧洲的游客的首选之地，而T航空企业几乎没有任何机会争取到这些游客。

然而，美国有一大批有经验的游客想去二线旅游胜地，如希腊的废墟、瑞士的山峦。

2. 目标明确，定位就会精准

比利时是个十分美丽的国家，拥有许多吸引有经验的欧洲游客的东西，如有趣的城市、古老的宫殿、博物馆和美术馆。

奇怪的是，比利时人竟然认为自己的国家不是个很好的旅游场所。这种态度也许能从布鲁塞尔机场的一个标牌上体现出来，其中有一部分说道“欢迎来比利时。气候温和，但平均每年有220天下雨。”

而他们用来吸引旅客的战略是，宣传比利时的中心位置和转机去其他地方是多么便利——如伦敦、巴黎和罗马。这就好比你想去纽约，可是需要先飞到费城，因为它离纽约近。

他们几乎没有考虑如何把比利时变成一个旅游胜地。你只要在布鲁塞尔市区随意地走上一圈就会发现这一点。你可能走进全欧洲最漂亮的广场——四面金碧辉煌的大广场，你会发现广场的整个中央地带竟然是停车场。

许多纽约人不把纽约当成旅游城市。他们只记得清洁工人的罢工，却忘了自由女神像。然而，纽约每年还是吸引了1 600万想在晚上欣赏“高大建筑”的游客。

3.“美丽”这个词的概念虽好，但不足以作为宣传旅游胜地的主题

要想把一个国家定位成旅游目的地，需要有吸引游客在此地至少盘桓数日的景点。

没人会专程去摩纳哥旅游，因为它的头号景点蒙特卡罗只需一个晚上就看完了。摩纳哥的第二个景观格雷丝王妃，根本无缘一见。

显然，规模是个重要的因素。国家大，景点就多，国家小就没了这个优势。假如大峡谷横贯比利时，那就剩不下多少平地了。

解决规模问题的答案是从《比利时指南》找到的。你也许不知道，该书是给城市和餐馆评定等级用的。

这样，广告标题就是“在美丽的比利时有五个阿姆斯特丹”，封面则是由五张比利时三星级城市漂亮的四色印刷图片组成。

这则广告引来了大量游客的咨询，其中包括荷兰旅游部长。

现在，你也许想问，为什么没怎么看到有关比利时及非三星级城市的宣传材料？

后来发生的一些事情使这个项目至今没能完全实施。这个教训值得任何正在建立定位的人学习。

T 航空企业内部发生了人事结构变化。新的管理层对该项目并不热心，当设在布鲁塞尔的总部要求采取“通往欧洲的门户”战略时，他们很快就默许了。

这个案例的教训是：一个项目的成功，离不开负责人的长期投入。首先，无论是企业的总裁还是管理层的领导者，都不能忽视游客（消费者）的心理需求。其次，身为企业人，应该对企业的总体目标有统一的认识。而不是在不明前因后果的情况下，就展开项目，导致问题堆积，愈加复杂难懂。说到底，企业人要有持之以恒的精神，才能对发展项目和要传播的内容有清晰的定位，尤其是国家级的旅游项目。否则，纵然推广的概念如此“美丽”，也不足以成为宣传旅游胜地、招揽游客的“撒手锏（主题）”。如果说，我们一定要从中学到什么的话，那便是定位的真谛——持之以恒的力量！

最好的定位理念并不复杂

银行和西部联盟企业一样，销售的都是服务。

其实，给一家银行定位就像给一家百货企业、一家日用品商店或任何其他类型的零售企业定位一样，必须先要了解它的销售区域。

多年来，长岛信托企业是长岛银行业的领导者，是当地最大的银行，营业点最多，赢利也最多。

20 世纪 70 年代，长岛银行业的竞争战场发生了剧烈的变化。一项新的法律允许银行在整个纽约州开设分行。从此以后，许多设在纽约市的大银行，如花旗银行、大通银行都在长岛站稳了脚跟。

由于大量的 W 居民每天去纽约市上班，于是他们把部分金融业务交给这些银行办理。

但是，大城市银行对长岛信托企业销售区域的渗入只是问题的一方面。真正重要的领地在银行潜在顾客的心智中。

在金融业里几乎没有价格这个概念，用的是其他项目。入选的有：营业点多，服务项目齐全；服务质量好，资本量大方便长岛居民，有助于长岛经济发展。前四项是与一家具体银行打交道的基本依据，后两项则是专门针对长岛具体情况的。

在基本依据方面，长岛信托企业的情况十分堪忧，因为在这四项里潜在客户全都把它排在最后一位。

在与长岛相关的项目里，长岛信托企业升至首位。考虑到名字的威力，这一结果并不令人感到意外。

长岛信托企业应该何去何从？常识告诉我们，接受自己的长处，改善自己的短处。换句话说，打出广告告诉潜在客户，我们有一流的服务、和蔼可亲的出纳等。

可是，知识不等于智慧。要将常识性的知识轻化为智慧，必须依靠思考，具备定位思维。定位理论认为，你必须从潜在客户主动给予你的评价上着手。

而潜在客户给予长岛信托企业的唯一评价是“定位于长岛”。如果接受这个定位，该企业就能把入侵的大城市银行驱逐出去。它的第一则广告推出了这个推广用语：既然人在长岛上，干吗把钱存到城里？

第二则广告上印了一张照片，上面是一座带有北美花旗银行标志的大楼和几棵棕榈树。

你很可能会发现它原来是在巴哈马。那是大银行最喜欢的地方之一。实际上这些跨国机构在巴哈马群岛和开曼群岛注册的贷款资金高达 750 亿美元。这本身没什么不对的，只是对你没多大好处，如果你的家在长岛。长岛不仅是我们最爱的地方，也是我们唯一的营业地区。

我们在那有 18 个营业点，在昆斯和萨福克有 16 个营业点。而且，我们在这里半个多世纪了。在财务上，我们 95% 的贷款和服务项目都是针对长岛人及其家庭、学校和企业的。

15 个月之后，又进行了同样的调查。长岛信托企业的地位在每一项里都有了很大改善。

在“营业点多”里，它从最后一名跃居首位，尽管其他银行有更多的营业点，如大通在长岛的营业点是长岛信托的两倍以上。

在“服务质量”里，长岛信托也从第六位上升到了第四位。

在“资本量大”一项里，长岛信托从末位跃升至首位。

除了在调查中，在各个营业点这种变化也随处可见。“在这家首先提出定位概念并得到广泛认同的广告企业的帮助下，”长岛信托的年度报告中称，我们这家得天独厚的银行——长岛信托公司——建立了长岛银行的定位。人们对这次宣传活动的反应既迅速又令人满意。

你也许会认为，一家银行宣传它所服务的地区，这显而易见。但是，最好的定位理念往往就是这么简单，简单到了大多数人对它被一家更大的银行兼并了都熟视无睹的地步。

Part3

推广为王：
谁被大众认识，谁就占领了市场

- 一定要做推广的几个理由
- 有原则性地推广才能事半功倍
- 打开人脉，推广更简单
- 突破三大心理，强大推广野心让你成为未来赢家

第九章　一定要做推广的几个理由

理由1：突破营销境界

企业做营销之前，必须要弄清楚自己要推广的是什么。

企业想要推广的无疑是企业的品牌价值、企业文化，从而加强其产品、服务的市场竞争力，提高市场占有率。而这些需要推广的东西，归结起来就是企业的影响力——影响力大，企业在同行业内的腰杆就挺得直，消费者购买率就高，市场占有率自然也就提高了。

要让推广产生影响，就要知道什么是推广，推广需要哪些必要条件和组成部分，怎样才能产生推广影响。

营销推广，顾名思义就是指利用公共关系和网络关系，来组织起市场的营销手段。这当中的重点就是“关系”二字，因为客户之间都有一定直接或间接的联系，企业和客户之间也存在联系，企业和供应商、销售商之间也有内部联系，将这些联系都组织好了，就能构成营销推广的雏形。

企业可以利用营销推广这一公共关系手段，针对企业自身的产品或服务，进行市场调研、营销策划、推广等商业行为。推广不是单方面从企业角度出发，也要为客户提供咨询意见和执行服务。这样的推广，能够有效提升企业的市场竞争力，从而取得更高的销售利润。

推广的范围非常广，这一点从企业营销战略的定位能够看出。企业在进行市场定位时，需要推广的力量，在进行产品的研发和生产时，也必须通过推广手段了解市场需求，企业在上市、宣传、销售、售后服务等环节，更需要推广全程参与。

推广的组成包括推广源、推广内容、推广对象、推广媒介四个部分。

推广源来自企业，也来自市场。企业可以根据市场调研，了解最新的市场动态，从而知道自己该生产什么、提供什么，并将得到的信息转变为新的产品和新信息再次向市场推广，推向消费者。在处理推广源的过程中，企业起到的作用更像是推广的中转站和加工厂，企业也必须注意推广信息内容来源的真实性、准确性以及时效性，以免进行错误的推广，避免推广的是负面影响。

推广的内容必须有价值。推广内容是指企业推广信息的具体内容，根据推广内容的不同，企业最终所获得的影响也自然不同。在审核、策划推广内容的时候，除了内容要客观真实外，还必须有一定的推广价值，否则推广了毫无价值的信息，就是一种资源上的浪费。如某企业在微营销平台推广的信息没有价值，虽然没有耗费什么成本，但是推广垃圾信息的直接影响就是关注者持续减少，企业的威信力下降。

推广对象具有多样性和互动性。推广对象是受众，接受推广信息的人。在微营销中，推广对象是企业微博的粉丝、移动营销的直接关系人群等。这些受众不仅是信息的接收者，也是对信息的进一步加工者。他们完全可以积极地参与到推广当中来，至于推广的影响是好是坏，就要看企业的推广内容和手段了，而决定他们的影响的，就是顾客的推广反馈。

推广媒介是多样的。从传统营销利用电视、报刊等媒体，到现代网络营销的网络平台、移动手机网络平台，都属于推广媒介，企业可以利用这些媒介，推广自己的产品信息、经营理念等。企业所提供的产品和服务的质量，本身也是推广媒介的一种，因为它们的质量好坏，直接能够被顾客体会到，带来不同的影响。

推广是一个由浅到深的发展过程，实质上更是一个逐渐扩散影响力，被用户所接纳的过程，所以企业必须重视推广这一环节，才能让企业的影响力持续扩散，这样，企业自然就能在同行业的竞争中保持强势。

理由2：迅速获得成功

人们都喜欢简单而又立竿见影的办法。换言之，人们都有些急功近利的心理，喜欢迅速获得成功。

当推广在各方面都具备了条件，按照方法做就可以立即见效。

成交是客户实际需求、企业和产品、竞争对手、推销能力和时机等综合因素决定的。如果无法立即见效就要全面地改进自己。

推销员只要有三件东西就可以在任何地方向任何人推销任何东西了。

一套说辞：电话约访辞，见面介绍辞，产品介绍辞，应对拒绝辞。

一张笑脸：发自内心地喜欢别人，展示我们的态度和仪表。

一套行头：职业装和皮包，里面包括手机、笔、本、名片夹、宣传夹。每个物件都要拿得出手。行头要精致，目的不是用他吸引客户，而是不被挑眼。人天性是先拒绝感觉不好的，再接触剩下顺眼的。

行头即武器，说辞如子弹，笑脸就是士兵本人。这三件东西需要强化训练并用纪律进行约束。短则一天就可以出门战斗，长则三个月才有模有样。新兵变成老兵需要多年的摸爬滚打，推销员也一样。

成功推广的三种说辞是：

电话推广辞：主要是约时间拜访。电话的介绍能力有限，不如面谈详细，随机性强，但也各有其优势。电话中有三件事要做：

一是我和我们企业是干什么的。

二是我想做什么。

三是什么时候见面。

面谈推广辞：见面讲什么？对方可能会问什么？要准备好，机会得来不容易。有三件事要解释清楚：

一是来意：认识，介绍产品，探询需求。

二是答疑：客户可能遇到的问题，或者从别的地方了解到的情况进行解答。

三是排除：把对手们都排除掉，让客户集中在我们的产品上。约定下次见面的时间，谈什么事情。

促成推广辞：不要指望第一次见面就成交。我们没有魔力，客户也有自己的打算。成交是由客户自己决定的，我们能做的只是加速成交。

推广成交四部曲：

一是找到客户：找到准客户，区别对待，优先开发。

二是分类：很快就要买，正在比较同类产品，已经制定了预算。这类客户如同山上的野果，是现成的，无须培育，要立即行动，属于优先级客户。如企业的老板只认这类客户，因为见效快，推销成本低。

三是展示与说明：介绍产品，提供资料，拉近关系，弄清客户内部的权力关系，特殊需求，约定下次见面的时间和出席人员。

四是促成：瓜熟蒂落既要耐心等，也要抢，免得自己辛苦种瓜别人来摘。要做到：

一推：明白地推动对方成交，以免对方可能有别的想法和顾虑犹豫不决。

二让：让对方说出隐含的想法，或者自己猜出来。

三就：解决了对方最后的问题就立即签约，不要再制造出新的问题。

不管什么客户，推广到什么阶段，都需要完成下列三件工作：

消除反复：客户问周围的人甚至竞争对手后一定会有新的想法。消除掉顾虑就快成功了。

敲定价格：在所有的事情都搞定后最后谈判价格，能立即签合同就谈，否则就要维持原价，因为，便宜是无止境的，客户总喜欢没有理由也要榨点油水出来。

再推一把：第一次购买都是在半推半就状态下决定的。以后的购买决定就容易下了，甚至会主动购买，因为，不再需要分析、对比、考察和犹豫等环节了。

当然，客户也是和我们一样的职员或老板，他们的工作和个人的情况与我们成交密切相关。推广时还要注意：

价值：客户所在企业能得到什么好处？

欲望：个人能得到什么好处？必须考虑到个人的好处，要留意观察。不妨说一个套话，“我们企业很灵活，尽力满足用户的各方面需要”，让客户不至于一开始就堵死了门路。

性价比：用多大代价得到上述好处？价格大小很重要，但要是能说明性价比很高就可以降低客户对价格的敏感度。而性能是很难量化比较的，推销员的口才和素质在这个时候就起作用了。

迅速获得成功的三个条件：

下面三个条件全部具备的人才可能向我们购买，才能算是真实客户。条件不具备的往往是虚假客户。

一是看需求：有购买这种产品和服务的愿望，为了解决某种问题或者得到该产品能满足他们某种强烈的愿望。有需求就意味着已经认同了，没有反感。对某事某人反感的客户是不可能购买的。需求含糊的用户也不大可能有订单。如何判断对方是否有真实需求呢？

二是看细节：客户不仅问价格，还把玩商品。问很多细节，挑剔的人往往是真心想买的人。

正确的态度是接受符合条件的准客户，但不急于排除不符合条件的。经常有老练的商人自认为不可能购买的人却突然掏钱购买。健康的态度还是一视同仁最好，小聪明要不得。

判断陌生客户的三个条件时很容易出错，容易被假象迷惑。司机坐奔驰未必有钱，可能相反，债务缠身。

另外一个容易出错的地方是我们以为我们和客户是朋友、同事、同学、亲戚、邻居等，一谈业务人家就躲起来了，说明要么人家从来没有拿我们当朋友看待，只不过是熟人而已；要么就是我们并不真的清楚人家的收入和开支状况。

最初业绩冲在前面的业务员的唯一原因不是他们能干，而是他们平时积累了更多真实的朋友，又做了预推广。

三是看财力：有足够的钱购买。如果像国有企业那样要申请预算，周期会很长，会有很多变故。准客户变成客户的象征是要么预付款，要么签合同，口头承诺没有用。没钱的人为了面子往往装得“钱没有问题”，可是就不见他们开口谈成交的细节，这种人就先放一放再说。

看权力：决定权在老板还是部门经理那里？小企业一般都是老板亲自决定一切花钱的事情。企业一大，部门经理至少有申请权。和国有企业打交道要有权利结构图。没有权利的人是不会说自己没有权利的，平白浪费了我们的时间。

迅速与顾客成功接触的三法：

电话、信函与见面，人的交往就这三种办法。各有其优劣，应该全面使用，立体推广。

面谈：这是最有效的交往，深度又真实，但约见的难度大、周期长，见面时间短，推销艺术要求高，心理压力也大。因此应该用其他两种办法分担部分面谈的功能。

电话：电话的主要功能是约定时间、地点和见面人员、事情的主题。不要指望能在电话里谈成业务。客户往往拒绝在电话里进行推销。电话直销是特定的行业的特定人员做的事情，非普遍适用。

手机短信：都是间接性的交流，不知道对方是否收到？态度如何？但又是简便经济的，文字性的，可以绕过门卫或秘书的推销方式。

迅速与顾客交往的三个要点：

乐：什么事情能让对方高兴起来，喜欢我们？办公室里有什么特殊标志？对方身上有什么特殊点呢？如照片、布置格调、衣服颜色、笔、空间大小等所有细节都可以提供素材。

忧：困扰对方的是什么事？我们的产品能解决吗？我们能用其他方法帮助对方解决吗？即使不是卖我们的产品有什么关系？帮人就是最好的推销。

喜：如果我们提供了帮助，对方立即高兴起来，并随时可以签合同，说明是找对地方了，否则就只能继续寻找问题所在。喜，客户的展望也，理想也，梦想也。

成功说服顾客的三个理由：

人做什么事情都需要给自己找理由。“给客户一个购买的理由。”

客户花钱购买东西也需要理由，而且仅仅一个理由还不足以让他们下决心购买。当发现客户有：

一个理由就开始考虑，二个理由就开始比较，三个理由就彻底下决心。

有两三个突出的理由最好，多则无法突出重点。

例如，有个生意人要买一台商务房车，你可以给出这几个理由：

理由一：做生意需要体面，夏利等微型车会丢掉很多生意。

理由二：空间大，足够全家旅行或周末出去玩。

理由三：性能好，安全度高，寿命也长。实际上相当于二三辆微型车。

反之，让人们改掉坏习惯需要更强大的理由。比如酗酒的人和抽烟的人都有自己的理由。改变他们习惯的唯一办法就是打垮他们的理由。

推广时最容易陷入的三个陷阱：

推广时最容易陷入三个陷阱：价格、功能和企业实力。上来就讲价格多么便宜，什么功能突出，企业如何如何棒。为什么不先讲我们自己？

客户会让我们与对手比较这三个问题。我们就被他们牵着鼻子走。

我们要做的是了解清楚客户的真实需求，以及真正看中了哪家产品？

经常是为了显示公正，采购员在我们对手的帮助下找出我们无法解决的弱点。

这时，你可以这样做：

差异化：让客户无法简单比较功能和价格，更不要主动谈论我们的功能如何优越？价格如何？

再举个例子，如果你是夏利车的推广人员，你可以这样说："能源越来越贵，车买得起养不起。夏利车耗油低，家庭用足够了。而且，国家一定会增加耗油的税。节油也是好公民的一个标志。发达国家买得起奔驰的人有千万，他们为什么还要买小型车？"

想买奔驰的人要么是极其有钱，不在乎油钱的，要么是为了撑门面的。对这两种人没法让他们买夏利，同样夏利车也一定有自己的客户群。

击中客户或对手的死穴：当我们几乎没有机会时，就要狠心找出客户的或对手的致命弱点，即让信心十足的客户变得犹豫，让犹豫的变得恐慌，让恐慌的立即购买我们的或者不敢买对手的产品。

迅速获得成功时的三个困难：

出门就可能有，不出门永远没有！开口就可能有，不开口永远没有！

推销员的第一难点是情面关。你知道吗？不仅我们自己难为情开口，对方也怕情面，所以客户才会躲我们。越是熟人越躲，因为情面。

第二难点是难在勤奋上。能每天都同样热情地联系和拜访3个客户？包括35度、零下1度、雨天？

自我约束是第三个难点。推销员是最自由的，只有业绩的约束，最容易放任自流。所以要定期开会，要签到，甚至夕会。

理由3：不断完善自我

在推广过程中，营销员会在与顾客日积月累的相处中，渐渐克服自己的弱点，不断完善自我，逐步走向成功。

当然，完善自我也是我们每个企业人提升自己必须做的一件事。

具体表现在：

以提高素质为目的，配合科学的营销方法，提高成功率。

与其在低水平下辛苦地推销产品，不如改造成高水平。

重复和强迫是成功改变的关键。

像明星一样展示自己！

拥有贵族一样的气质，过平凡的生活！

印象就是一切！

美国人常说："印象就是一切！"做生意，交朋友，甚至当总统都遵循这个法则。

东方人做生意谨慎，不会因为印象好就立即下订单，但印象是最重要的考虑因素，其他还有价格、企业实力、产品先进性等指标。印象不好就根本没有机会。得罪了客户就永远没有机会，不管其他因素多么有优势。常常是多年的友谊因为一句话就从此再不交往。和客户之间也遵循类似的规律。

人人都知道推销产品前先推销自己，第一印象有多重要？印象好未必能获得订单，印象差一定不会有订单，不知不觉失去了无数的机会，反之一生顺利。

如果一个让人讨厌的和一个让人愉快的人向我们推销，我们会选择哪个？人们对一个人产生印象只要 1 秒就够了，最多 10 秒就开始筛选，是否继续交往下去？

比如恋爱。往往是一眼定终生，决定了合不合自己口味。买衣服也是这样，第一眼喜欢的就是最适合自己的。

如何展示第一良好印象？

1 分钟演讲：只能是给人好印象和简单信息。电梯里、街头电话约访时常用，只讲自己的闪光点和企业名称，快速递名片，要对方的名片或将对方的名字和企业名称地址，立即记录下来。

5 分钟演讲：拜访客户时用。自己 3 分钟，企业 2 分钟。强调的是自己。产品在客户问到时再详细答复，有些是聊天中进行。这时就有时间赞扬，开玩笑等，但要抓紧，因为场合是流动的。

30 分钟演讲：企业、行业和产品依次介绍。

改善自我的核心要素：建立信任。

推广第一紧要的是建立信任，第二是密切关系，然后才是介绍产品之类的具体工作。前两个条件没有完成，推销就难以进行下去，谈何成功呢？任何技巧都没有用。

对于我们还没有信任的人，我们的意识就会关上大门，最多留一个缝，用作观察之用。如果我们不能变得让大多数人都喜欢和信任，那就是每天都在错过机会，因为，人们不会找看上去不可信的人。改善品牌就是为了迅速建立信任感，减少阻力。

改善现状的核心秘密是在卖产品之前首先成为人们的朋友。

成为人们好朋友的秘密首先是积极的态度，还有讨人喜欢的形象、语言和举止。要想有一副讨人喜欢的形象关键是培养好的心态，并不断改变自己。迅速赢得好感的办法是通过微笑、热情、赞美、整洁的仪表和有教养的举止等明示或暗示的办法吸引人。

改变自己，让自己看上去有成功者的形象。

想象影视歌明星的样子、领袖的样子、体育明星的样子、统帅的样子……我们喜欢他们吗？愿意和他们交往吗？愿意和他们做生意吗？每天接触和想象这些成功者的形象，办公室和家里的墙上贴照片，语录。

对付自卑或信心不足的办法：拒绝谦虚！找机会就夸自己一下，让自己看起来像个成功者。如果实在不愿意改变，就模仿明星吧。固定一个自己的偶像——英国绅士、淑女、华尔街的老板。追星最容易导致模仿。

为什么要改变？

在展示了以后就会发现自己的优点与不足，就需要改变。改变的根本目的是给人好印象，并从一个排斥或错过机会的人变成吸引机会的人。这就是成功的捷径。当我们得到或失去某个东西时我们是知道的，可没有得到东西时自己并不知道。

我们一生不知道错过了多少机会，因为我们不具备合适的条件，那么关键就是改变自己以抓住机会。这就是改变自己的原理。

当我们被挑剔时，根本没有机会解释，所以，要改变成别人挑不出眼的样子。

不改变自己就无法变成成功者需要的那种样子。如同“非常6+1”电视节目，把普通文艺爱好者塑造成文艺新星。不改变如何能与对手竞争？

如何改变？

先模仿正确的，错误的自然就被放弃。

先外后内。先改变衣着，再换笑脸，慢慢改变态度。

改变什么？

衣着与用具：整洁是必需的，高档最好。

举止：礼貌和公德。散漫变成规范。

气度：犹豫变成自信。

做一件挑战性的工作——推销员。环境会迫使我们改变，封闭环境里的人是很难改变的。

改变是个长期的过程。每一点改进都受益巨大。

为什么拒绝改变？

反感。我认为在外企软件企业穿西装是应该的，保险企业竟然还要装样子！

不信任。我们不是很信任外来的顾问，总担心与传销一样。

害怕被精神控制：邪教和传销的反应。

好事来得容易或人们对我们太好反而要怀疑：不合常规，不符合现实，害怕陷阱。

不愿意吸收新观念:“我什么都明白，你不必说了！”的拒绝心理。

过于固执：与自己习惯的方式和想法都抵触。固执的人都认为自己天生并不拒绝变化，完全是后天造成的。

人本性喜欢变化，只是因为理性发出了“变化=危险”的信号。

成年人大脑中的拒绝信号强有力，所以越是年纪大的人越拒绝变化。

改变需要动力，改变很辛苦，所以年轻人易变，老年人难变。

正因为改变自己很难，所以，改变后收获才更大。

理由4：规范品牌定位

对于品牌策略来说，推广的最主要的贡献之一就是提出了在预期消费者的认识空间中，品牌之间的“差距”和“不同”的概念，使人们对该产品及其先前的产品在认识上产生了差别，为基于该产品及先前产品的功能上的认识差别创造了许多机会。

推广把一套完整的区分策略置于品牌经理的手中。他必须判断哪种策略能帮他在市场上为其品牌找到一席之地，并能让目标细分市场中的顾客认为与众不同且拥有竞争优势。

围绕着规范品牌管理的不同方面的策略可以分为以下三个问题：我是谁？我的特色是什么？为什么选择我？

1. 我是谁

该问题关乎这个品牌的信誉。预期消费者不得不从出身来考虑品牌,它的家谱,它生于何处,这些构想能给品牌带来竞争上的什么优势。

我们通常在一些持久耐用的商品中见到这一点，当一个久经考验且被顾客信任的公司因为某些产品——如生产收音机以及灯制品的菲利浦公司，成为家喻户晓的名字时，使用该名字来推广一种新商品时会在无形之中给新产品带来竞争优势。

这就可以成为这样一种强烈的定位要素：以不同名字推销每一种品牌的公司，如印度利弗就是利用了公司的信誉来署名的。

一旦一种品牌获得成功，推广便可以利用该品牌的声望进军另外一种产品。

2．我的特色是什么

关于定位策略与产品的功能，恰当地运用定位策略，这样才能将品牌与其他品牌区分开来。

当现有的产品种类已经饱和，一个很重要的区分策略就是把这些相同的产品放到一个种类中，将你的产品放在另一个种类中。但前提是你的产品特性能满足消费者对那类产品的期望。那么你的品牌就会被以不同的目光来看待。这在行话里称为“宏观定位”或者是“内部再定位”。

一种质量优良的产品通常有不止一种功效。然而，如果产品的功效太多反而会使人感到不知所措，因为它们会在消费者的脑海中留下一种模糊宽泛的印象。

成功的产品通常只注重一种或最多两种功效，围绕着这些特殊的优点能使品牌产生一种鹤立鸡群的效果，这样我们就有可能根据未被占领的功效领地使我们的产品与其相似的产品区分开来。

总有一群消费者的心理大致相同，他们总是追求同样的产品功效，另外的消费者则总是绕着其他的产品功效结集成群。这就使得区分在产品市场上成为可能。

通过特殊产品的特点的表现规范品牌定位是最常用的方法之一。对工业产品来说尤其是这样特色定位的范围从特殊实用的功效到更抽象的特点。

根据功效、问题的解决方法或者是需求定位。

与产品特色定位联系紧密的是功效定位，这种方式通常比通过介绍产品的特色而不是对消费者的益处更有效。

即使是当你根据产品与众不同的特色来定位时，目标还是含有特点和属性的功效定位。这两者之间并不冲突，因为消费者买的是功效而不是特色。即使是工业产品的购买者，他们买的是问题的解决方法，而不是属性本身。只有当这些产品的属性能够满足消费者寻求的功效时，这些属性才会变得尤为重要。

定位时，品牌的自然特点或属性的重要性在于给人提供令人信服的"为什么的理由"——该品牌确实会履行自己许诺的功效。因此，我们将会通过产品特点看待定位，而产品特点则与稍后本章中的品牌问题——"为什么选择了我"有关。

在如同印度一样的发展中国家，质量是一个简单但很具说服力的概念。消费者比较不同价格水平、不同质量标准的同类产品，根据需要决定最适合自己的价格和质量标准。此概念的重要之处在于多元化市场中的消费者们对商品质量有不同的期望值，他们处于不同的社会层面，相对于任何其他世界的国家更可能对价格——质量定位提出较高的要求。

3. 为什么选择我

我们可以看到，通过推广可以发现品牌不同优势，从而确定我们的目标细分市场，以及知道别人为什么会选择我。最终把我们这一品牌产品的用途分离出来；挑选出比其他同类产品更能吸引消费者的优点，制定出一个恰当的价格，这样就可以提升我们的竞争力。

至此我们应该能够确定一个属于自己的品牌了，也就是说，使之相比较其他品牌更加紧密地与客户脑中的那个特定位置相符合。现在我们应该可以回答客户提出的问题了:“为什么选择我 ?”也就是顾客为何优先选择我们的品牌。

第十章　有原则性地推广才能事半功倍

原则1：品牌利益最大化

做企业最可悲之处恐怕莫过于奋斗一整年，到年底一核算，企业一分钱没挣！

究其原因才发现，一年来的市场成长过程还是最原始的资本积累，缺乏有效地市场控制，加上市场份额越来越难占有，利润越来越难做，“靠天吃饭”的结果只会是生产效率低、产量低、质量差。以市场为主的企业，不断增加的是市场和客户需求，但因为初创企业本身还没有品牌效应，最初大多维持小商小贩式的盈利模式。彼此自卖自夸，互相打价格战，以短期利益为重，更有甚者，低价倾销，导致利润越来越低，以此为基础，不可避免地轮番杀价、压价，陷入越低价越赔钱的局面，其他环节资金链开始断裂，品质无保证。看似稳健发展的企业其实已经岌岌可危，好比卖10件产品，有一件出了问题，那9件就白卖了。但凡半路夭折的企业，大多是因为中途“发霉变质”了，结果品牌利益无法最大化。

单靠打价格战而忽视品牌质量的损失是多么的惨重！

话已至此，未免沉重，企业应该就此放弃吗？那只会更加证明企业人的无能、懦弱。

你可以幻想成功，幻想失败，但请不要幻想放弃！世界上本没有奇迹，坚持的人多了便有了创造奇迹的力量。信念和方向都有了，就不怕没有抢不来的市场。

怎么办？如何才能打破越低价越赔钱的价格战之殇？让品牌利益最大化？

1. 争夺市场前先掌握自身收支平衡，价格太高太低都会“很受伤”

企业在发展初期，往往更容易在计算毛利的问题上犯两个比较极端的错误。第一，因为企业处于“襁褓期”，对自己没信心，害怕参与市场竞争，被对手打压，于是一开始就将利润定得很低，虽然产品可能在极短的时间内售罄，但企业也会因此无利可图。第二，由于起步阶段对市场缺乏一定了解，在缺钱的节骨眼儿上当然希望赚得越多越好，定价过高，以至于商品积压，卖不出去。没生意、没市场、利润犹如天方夜谭。可见，价格太高太低都会使虚弱的草根企业“很受伤”，唯有掌握自己的收支平衡，摸着自己的腰包规划市场蓝图，制定一个相对合理的价格，市场才有望可寻。

2. 远水解不了近渴，匆忙立品牌难以抓到市场

提到品牌，很多草根都谈之色变，有的人说“品牌能当钱花吗？企业生存得不惜一切手段先把货卖掉。”但随着近几年电子商务平台的兴起，各大品牌持续畅销走红，很多刚开始创业的年轻人开始意识到品牌的重要性，按理说这是好事，但如果在起步阶段太在乎品牌而忽略市场，结果大部分是，货满仓，品牌虽然成为你心中引以为傲的东西，但最终却为现实所迫，成了美丽的传说。

必须提醒各位好学的企业人，我们看见的往往只是个别的成功案例，看见的是成功企业家光鲜亮丽的一面，你可能看见了史玉柱、马云、潘石屹的成功，却没发现这些成功品牌背后，已经有多少个失败者默默地陨落，而这些失败的企业和品牌才是草根更应该学习借鉴的。

“怕上火，喝王老吉”——你以为找到了品牌定位就是发现了市场新大陆？

无可厚非，品牌很重要，但品牌的建立、定位与推广不是一蹴而就的。在企业还没有做起来之前，你看得更多的是成功品牌的案例，在这些品牌亦步亦趋地发展时，你可能根本没听过他们的名字？不知道他们做了哪些改变？在消费引领市场的今天，你必须先占领市场，然后再去打造你的品牌文化，吸引顾客虚荣、迷恋、向往！而不是先匆忙搞一个品牌，或将大部分资金都投入在品牌建设中，在产品价格方面“放血”。

无论你的企业是贸易型还是生产型，想要生存下来并继续发展，始终都不能离开一个初创企业发展的原点——品牌利益。

品牌利益在哪儿？

市场竞争，大浪淘沙，商场如战场，品牌或许能让你幸运地一炮走红，价格战或许能让你在短时间内尝到一时的甜头，但难以长久地赢得市场。因为，别人的东西可能比你的品牌更抢手，价格比你更低。

我们需要做的是：先抓质量，控制好成本，提升服务品质，静观其变，以静制动。让自身企业优势最大限度地发挥，在适当的时候有选择性地小幅度调整价格，必要时再予以反击，脚踏实地过质检关，

才能进一步在市场的检阅中霸气外露，只有当更多消费者为你的品牌买单，利益才会最大化！

原则2：推广市场最大化

营销人员在推广过程中最容易犯的一个错误，就是自认为他正在做的产品全世界的人都抢着要得到，似乎还没开张，企业门外早已人山人海地排起了长龙。只要等产品做好，大门敞开，就会看见如潮水般疯狂涌入的顾客，白花花的银子大把大把从天而降。

问题是，九成以上的推广故事，根本不是这么回事。

那么，如何才能使推广市场最大化？

所谓成功的企业推广，使其获得成功的往往不是第一件在市场上露面的产品，众所周知，愤怒的小鸟在全球是多么的受欢迎，但你或许不知道，这已经是Rovio企业研发的第六十几款产品了，在此之前，该企业已推广多年，却默默无闻地在寒冷的北欧经历了上千个无人问津的日子。

有一个爆红的APP叫Draw Something，该开发商坦言，在这之前也经历了无数个日夜的挣扎才有了今天前景无限广阔的市场。

类似这样的品牌故事不胜枚举，每个成功的品牌，在推广期间背后都有一段不为人知的辛酸往事。只是，这段往事有长有短，有人在发布产品的第一天就赚得盆满钵满，有人长达数十年煎熬，依然未果。

究其原因不难发现，其实“市场”做大并不容易。每天你一苏醒，就已经有大批的产品咨询和媒体等待转移消费市场的注意力，一个刚刚在市场上出现的面孔想要第一天就在如此激烈的市场竞争中脱颖而出，这样的愿望太不切实际。

“但我做的这个东西目前市场上还没有啊！”很多做品牌的人都会这样说。

殊不知，市场上没有的品牌不代表在你之前就没有别人想到，而是因为市场上或许并不需要这种东西。企业人往往只是在脑海中幻想出了一个完美的市场和一批完美的消费者，然后自以为是地认为全世界人民的想法都和他一样，急需这个无须存在的东西。所以，如果你只是在意品牌，而把推广推向市场后，自然会失望至极，那时你会发现，原来除了零星几个朋友的友情赞助，市场上的其他人，根本不需要你这个产品。

当然，你也可以依然自信满满地安慰自己，这也没有什么，做品牌，谁能不需要几番磨炼？

可惜，市场不是练兵场，从天堂掉到地狱，有些企业会因适应不了而放弃。而有些企业则会将自己归零，重新审视市场的生存之道。这一漫长的过程至少要历经三年五载，那时如果你还没有被饿死或壮烈牺牲，你的企业才会慢慢看到成功的曙光，这样的创业过程就很踏实，因为你知道自己哪里做得对，哪里做错了。

至于剩下的那一成，一夜之间红遍大江南北的，你最好不要幻想成为他们，因为连他们自己也不明白自己是怎么把品牌推广出去的，有一天当“市场”弃他们而去时，他们亦不会了解自己为什么会摔下来。

因此，想要让市场最大化，首先不能急着一步开拓一片市场，在此之前瞄准细分市场，通过整合同样能获得市场。市场细分并不是强行地加以区分，它就像一瓣瓣的橘子，被自然而然地分开，组成新的群体。

进入市场细分对于企业至关重要。大部分初创企业都有选择初始细分市场的机会，随着实践的检阅，你会发现其他细分市场或许更适合你的企业。与其后悔，不如一开始就做好选择。

市场就像一块蛋糕，多数企业在确定进入哪个细分市场时，都会最先看上最大的那块蛋糕。或许你的选择正确，但你选择时的理由却可能是牵强的、错误的。

那么，企业应该如何明智地做出选择呢？

1. 市场是否正在快速增长中

一个细分市场如果正在快速增长期，短期内不太可能有地位稳固的竞争对手，因为它还处于不断变化中，就算是一个发展百年的老字号企业，想要占据市场主导位置也很难，更何况是资本小、地位低的初创企业？面对这些对手，你不用整天想着取代对方的地位，招揽新顾客永远比抢他人客户更容易。另外，市场增长速度越快，潜在客户就越多，你若能抓住机会搭上这趟“顺风车”，一两年内顾客成倍增长也不是不可能。那时你就有资本发展得更迅猛了。

2. 冒险宜早不宜迟

除了考虑市场的增长速度外，还要考虑已经成形的现有市场，不要待到已有市场已经成熟，没有一丝插入的缝隙时再行动，早早进入市场虽然有些冒险，也不能完全保证先进入的人就能分得更大的蛋糕。但可以肯定的是，若进入得太迟，前面几块大蛋糕一定已经牢牢地落入对手手中，对方抢了滩头阵地。

例如，手机市场少说也有上百种选择，推广的每一个计划都试图迎合某个细分市场，或是针对短信，或是针对网络。但消费者始终只会为自己感兴趣的内容买单，而不会理会那些不痛不痒的东西。尽管如此，屡战屡败的营销人员还是屡败屡战，不断推陈出新，使产品更加迎合细分市场。很明显，市场细分的过程就是一次冒险的航行，成功了，就会闯出一片市场，带来一批比你更具冒险精神的随时准备购买你产品的顾客，到那时你就可以高枕无忧地进行下一步了——挺进市场使利益最大化！

第十一章　打开人脉，推广更简单

品牌推广 87.5% 靠人脉

斯坦福大学研究中心发布过一则研究报告：在做品牌和推广的过程中，企业想要真正赚到钱，87.5% 靠人脉，12.5% 靠专业知识。

你是否感到震惊？假设一个企业白手起家，推广时人脉存折为零怎么办？

常言道，“一个篱笆三个桩，一个好汉三个帮”“在家靠父母，出门靠朋友”“人脉即钱脉”，无不论证了人脉的重要性。所以，推广同样离不开人脉。

何为人脉？

简单地说，就是你在推广的过程中，在物质、精神等各个方面对你、对企业起到推波助澜作用的人际关系，如果没有人脉，那你今后推广中就没有了人力资源。

1. 企业做品牌、做推广，若想取得成功，能力重要还是人脉重要

答案是两者缺一不可。只是，两者所占的比例有所差别。能力占三成，人脉占七成。

现实中，我们无法选择出身、家庭、父母，你现在只是两手空空的一介庶民，唯有靠后天的奋斗改变自己和家族的命运。莫说自己不善于交际，其实每个人在成长过程中已经处于各种人际关系网中，亲戚好友、老师、同学、领导、同事等都属于人脉。只是，随着阅历和年纪的增长，有的人人脉广阔，而有的人则很狭窄。做品牌不能寄全部希望于个人能力，有多少有能力之人一手经营起的企业还是不幸夭折？做品牌的同时也意味着要学会积累人脉，拥有人际关系的力量，这样品牌今后的路才会更宽广。

2. 大有大帮，小有小助的推广人脉

推广有多少种形式，就有多少种人脉，最终产生的作用力也截然不同。但有一点可以确定，一切推广活动都要围绕人际关系展开，在某些行业内，如果关系网络不通，往往只是“有钱办不了事”“有钱干着急”。简言之，很多推广问题不是钱能解决的，而是看你在某些方面有没有人。赵本山不止一次对他的徒弟们说：“想混娱乐圈，有多少钱不重要，重要的是看谁带你玩。”

作为企业，免不了要和很多机关部门打交道，你可以感叹“这个世界太现实、太黑暗”，而成功者往往是能冲破暗夜迎来曙光的人。许多企业家、商人都能体会其中滋味，有关系在可以获得更高的待遇，推广效率也高，无异于帮企业走了一条捷径。

你可能耳闻一些外企、大企业都会高新聘请一只强大的顾问团，但你可能不知道这些人都是什么人。不妨试想，为什么这群人不用每天上班还能拿着高薪？因为他们只需要在品牌出现问题时出面解决即可。如何解决？答案便是人脉。如果说二十几年前是“知识就是生产力”

的时代，那么现在则是“关系即生产力”的时刻。人脉是无形的，但却无处不在。企业做品牌、做推广的规模不同、性质不同，遇到的问题也就不一样，人脉产生的作用力大小不尽相同，可谓大有大帮，小有小助。

3. 人脉是推广初期无形的本金

对于大部分企业人而言，人脉就是推广初期无形的本金，使企业受益无穷，对个人事业的发展起到推波助澜的作用，甚至品牌的每一步前进都离不开亲戚、朋友、同事的帮助。人脉宽广的人，办起事来游刃有余，难题也成了小事一桩。甚至你在积累人脉的过程中还能遇到自己的贵人，让你在短期内累积一定财富，在后期的品牌建设中可以宏图大展。很多企业人也会不由得抱怨：“我怎么就遇不到像×××那样有钱的大老板，他们随随便便投资一点钱给我，我的品牌也不至于饿成这样。”要知道，是你在做品牌，永远不要把希望寄托在别人身上。况且，你身边的每个人都可能成为你的贵人，对待他们，你应该报以感恩之心真诚地与之交往，好比本金都是一点点累积起来的，用人现交最不可取。

一种见证推广成功的方式是让品牌拥有更多地财富，另一种就是在经营企业的过程中储存了丰厚的人脉存折，逐渐扩大自己的人际圈。人脉存折上的数字不管大小，本身就已经是一种无形的本金，巨大的财富，并随着企业的发展，无形的资本也会越来越大。

为推广储存人脉（一）

储存人脉的第一步就是找到能够帮助到你的几种社会关系。社会关系中最亲近的人是血缘关系的亲人。

众所周知，血缘关系不可复制，是世界上独一无二的，因此，这种关系也是最牢固的。在这样的前提下，亲属之间的帮助甚至是一种责任和义务。尤其在中国，每个人生来就被强烈地赋予了这种关系，你无法改变，只能加以利用。在人生道路上，当你遇到什么问题，第一个想到的人通常就是你的父母以及身边的亲人。当然，对方能帮上多少忙和家庭本身的经济实力有关，有经济优势最好，经济困难也不可怨天尤人。

尤其是那些底子薄的中小企业，在做推广之初，来自父母、爱人、亲戚的帮助最大。推广之初万般小心还是免不了跌跌撞撞，为你擦拭泪水、抚平伤口的往往是你的爱人。在中国，不乏一些相濡以沫，共同做品牌的结伴夫妻。如果你已生儿育女，虽然他们可能暂时无法在经济上帮助你，但他们一定是你努力奋斗的精神支柱。血缘关系这条人脉就是这样，我们永远不可能用商业价值来为它估价。更多的时候，你放弃了轻松自在的“铁饭碗”而选择一条无比艰辛的创业之路，正是为了身边那些最亲近的人生活得更好。

血缘关系与生俱来,但亦有远近之分。“血缘”只是先天的一部分，后天的“缘分”则要靠培养来提升，巩固血缘感情的基础。虽然有些人之间存在血缘，但感情淡薄，很少来往，也就谈不上帮助。

因此，企业人在做品牌推广时必须考虑清楚两件事：第一，你身边的血缘关系是否能在某一方面帮助到你；第二，你和身边有血缘关系的人相处是否和谐，如果你去求人帮忙会不会遭到拒绝。

举个例子，林雨生，在A企业工作，其父是B企业的大老板。雨生有个姐姐，目前在父亲的企业担任财务经理。但父亲坚决不让雨生参与企业的事，理由是儿子还年轻，吃穿不愁，不希望他这么早就下海吃苦。但雨生却一直希望自己像父亲那样经营自己的品牌。雨生琢磨着做品牌首先要有一笔不菲的资金，但既然父亲连企业都不让碰，更不会同意资助自己创业。

思来想去，雨生发现在父亲企业的建筑工地上，需要大量的水泥，而据说拉水泥的车一天的工资就是1 000元。雨生盘算："如果我有了车，工地的活儿肯定不难承包。"为了向父亲证明自己创业的决心，雨生瞒着父亲开始行动。但毕业不到三年又过惯了公子哥大手大脚生活的他，哪儿有什么积蓄，拿什么买车？

雨生通过同学介绍，找到了在信用社工作的小孟，这家信用社提供小额贷款业务。雨生向小孟表明心意，希望能获得帮助。小孟一听乐了："你觉得找我有用吗？你老爸是大老板比我有钱多了，你怎么不找他？"经过一番了解，小孟终于明白了，是雨生老爸对儿子创业这件事百般不放心。小孟心想："就算日后雨生还不上，还有他老爸支撑着呢。"于是表示愿意帮雨生这个忙。根据信用社规定，小额贷款必须注明贷款原因，并找3个交易担保人。另外三个同学答应帮助雨生，就这样，雨生从银行贷出来5万元，并用其中3万元作为首付买了一辆工程用车，用姐姐家的房产为车贷担保，剩下 2 万元用来养车。

看到雨生把车开回了家，父亲十分惊讶，同时不由得佩服起儿子的头脑和勇气。雨生和父亲摊牌:“爸,我车都买了,你要是不帮我一把,以后我还不上银行贷款可咋办?”

雨生的父亲明白，事已至此，如果再不帮儿子一把恐怕儿子的品牌就要“难产”了，无奈之下答应帮助雨生，但前提是如果觉得做不下去就赶紧撤退。

雨生雇了两名司机，每天在工地上忙得不亦乐乎。

下面分析一下雨生做品牌的资本:

父亲—父子关系—提供业务;

姐姐—姐弟关系—抵押担保;

小孟及三位友人—同学关系—协助贷款及帮助担保;

父亲工地—合作关系—提供市场。

贷款购车—借贷关系—提供贷款政策。

拥有了这些关系，雨生已经基本具备做品牌的条件。审视雨生的创业人脉网，他的核心人脉优势便是父亲。尽管父亲最初不同意雨生创业,希望儿子趁年轻多享福。在做品牌的途中,雨生遇到了两个问题:买车的钱和赚钱的活。看上去似乎买车的钱更难解决，但其实后者难度更大。通过姐姐和几位同学的关系，资金问题解决了，赚钱的活则必须利用父子关系。

正如雨生后来所言:“地产业年年光景看好，老爸的企业每年都有数不过来的活，他们有活我就有活，别人没有活我也得有活。”

到了第五个月，雨生终于还清了之前的贷款。

第二年，雨生在没用向银行贷款的前提下，轻松又购得一辆车，这一切都让雨生看到了成功的曙光。自主经营品牌的梦想也离他越来越近了。

可怜天下父母心，在我国私营企业中，有相当一部分都是家族企业，但也有不少类似雨生父亲这种想法的父母，不希望孩子吃苦，宁愿让年轻人不劳而获。不管你属于哪一种情况，血缘关系不可泯灭，因为血浓于水，我们身边最亲近的人就成了我们制造品牌及推广过程中不可或缺的靠山。

现实中，并不是所有的人都能有雨生的出身，绝大多数人都只生活在平凡甚至底层人家，除了父母亲，亲人的帮忙也必不可少，那么，怎么才能让亲属关系越来越亲，让亲人心甘情愿主动助你的品牌一臂之力呢？

1. 在亲戚之间多走动

在所有人脉关系中，亲人之间的走动往往是最频繁的。子女升学、老人生日、红白喜事，样样少不了亲人的参与。而你的亲人也总会身陷各种各样的困难中，这时，你就应该责无旁贷、倾尽全力帮助对方，此时不帮，今后谁会来帮你呢？

今日你对别人有恩，他日你的品牌需要帮助时才更好向亲戚开口。因为就算是有血缘关系的亲戚之间，借钱也是要还的，对方也是需要你给予回报的，没有人愿意白白投资是人之本性，互相帮助多多走动，亲情才会越来越浓。

2. “亲兄弟明算账”，越没法算清的账越要理清

“亲人好说话”往往是我们对血缘关系的一种误解，即使好说话那也是有条件的——明算账。我们和父母、手足之间有太多事没办法清算，正因如此，一旦独立运作一个品牌，就更要在财务往来上明算账，每个人都有保护自己利益的权利，请不要强人所难。危急时刻，对方能挺身而出就很好了，但这种行为绝非理所当然。俗话说“有借有还，再借不难”，没有人有义务白白为你一个尚未发展起来的品牌注资，感情再深、关系再亲也要理清彼此间的账目，明白这个道理将会对你未来推广品牌有莫大的帮助！

为推广储存人脉（二）

出门靠朋友。除了亲人，在为品牌做推广初期最常用到的一条人脉就是朋友。因为此时，你的人脉存折还只是雏形，昔日的领导、老板又怎会轻易投资在你这个要钱没钱要关系没关系的“小喽啰”身上？这时，能用到的就是朋友。

摆在眼前的严峻现实是，生意场始终是名利场，不是谈感情的场所，即便是曾经的挚友，利益当前，也会玩虚与委蛇的伎俩，更难保障情感不会一击即溃。因为生而为人本是凡夫俗子，到头来都是为了饭吃得比别人更香，日子过得比别人更舒坦，穷尽一生，钩心斗角。

当你老去那一天，活在弥留之际，也会检讨当时不该在乎金钱而忽视友情，但恐怕为时已晚。况且，那也只是最后一刻的想法，如果

要你重新来过，想必多数人还是会选择玩手段、使把戏。

每个人的内心深处都有对朋友的皎洁清净之地，都有很傻很天真般的向往与美好。但想法照进现实往往是另一回事。大部分情况下，人们都会本能地收起纯洁之心，以假面混迹名利场，只为更早一步出人头地。

朋友蓝芷慧前些天讲了一件最近正令她郁闷不已的事。

一天，芷慧在下班开车途中，突然接到了一个很久不见的老朋友顾小西的来电。

小西热情洋溢地说："芷慧，听说你发了大财，怎么把老同学给忘啦？"

芷慧笑言："嗨，我那只是小打小闹，和您没有可比性。"

小西说："您就别谦虚了，听说咱们整个县城都订你的品牌，别以为我不知道！"

芷慧怎么听都觉得小西的口气中带着羡慕嫉妒恨的怨怼，似乎说话也不像以前那么客气了。心想：该不是话里有话说给自己听吧，如果只是因为我抢了他的品牌，根本犯不上和我斗气啊！

芷慧依然笑脸相迎："顾总，您从哪儿道听途说来的？我芷慧那半斤八两上学那时候您就知道了，哪儿有本事代理一个县城的品牌。"

小西不依不饶："这你就说错了，我可不是信口开河，有一家采购商就是我堂弟。"

芷慧问："您说说哪家呀？"此话一出，芷慧就后悔自己问得太没水平了。

果然，小西说："这你就不必操心了，有一点可以证明，我说的可都是实话。但你可没对我说实话啊！”

芷慧在电话中笑得很尴尬：“就算像你说的这样，但事实上规模根本没您说得那么大，我还没有那么多钱做品牌推广，现在知道的人也不多，赚得都是蝇头小利！我那些客户估计没一个您能看上眼的，谁不知道您做的都是大客户啊？”

小西急了：“你从来没介绍过一个客户给我，怎么知道我看不上眼？”

芷慧感觉到小西的口气越来越重，重到在电话中都能对他当时的郁闷感同身受。

一时间芷慧不知如何应付，随便周旋了几句便挂了电话。

在芷慧看来，抢别人品牌的确对老朋友不利，况且小西在芷慧刚创业时也没少帮忙，但如今迫于发展业务的无奈，芷慧必须以企业利益为重。再说，芷慧一开始有意与小西合作，但小西却一直不肯让利，芷慧这才碍于面子不再与老友谈判。为了品牌的将来，芷慧不得不顾一切，但万万没想到小西竟然这么想。到底谁对谁错又怎么能分得清呢？不过是双方的立场不同罢了。

从那之后，芷慧与小西的友情一落千丈，曾经亲密无间，今日形同陌路，品牌之路变幻莫测，有太多事非你所愿。看来，朋友之间做生意同样要以互利互惠为前提，友谊才可能长久。另外，芷慧也完全没必要顾影自怜或鄙视朋友。友谊这条人脉的特殊之处便是必须经过长时间的考验与磨合，才会建立起来。

当然，朋友非圣人，他们也不是“万能钥匙”，仅仅是在某些方面对我们品牌发展有所帮助。

1. 提供资源上的帮助

推广之初难免遇到这样那样的难题，缺钱、缺技术、缺人……家人又帮不上忙，就只能发动朋友，再让朋友发动身边的资源帮助你渡过难关。例如，缺钱时打给朋友，但对方刚巧也没有，而你理直气壮地告诉对方："我管你有没有钱，借也要想办法帮我借到"，能这样和朋友说话，说明关系一定很好。

2. 取长补短，资源互补

不一样的朋友，就有不一样的优势，将这些人组织在一起，综合实力就无限放大，也便有了后来那句"朋友多了路好走"。之前你可能并不认识 C 但却需要他的帮助，很可能因为你的朋友 B，或朋友的朋友 D 认识 C，大家才有了围坐在一起聊天发现商机的机会。

3. 提供更丰富的信息

在信息化时代，做品牌、做推广若是信息闭塞形同于守株待兔，要知道在万人疯抢的残酷竞争中，又怎会有迷路的兔子主动送上门给你呢？但珍贵的信息并非唾手可得，很多甚至被业内人士看成是机密，不轻易透露给对手，除非你有关系。而广结善缘、多交朋友不仅能获取更多推广信息，寻求商机，还能省去收集品牌推广信息、整合资料的时间，也不用整天为那一点密不透风的消息四处跑了。毕竟，你自己在社会上收集到的信息可能难辨真假或行不通，但通过交流，朋友之间传递的信息更多的是切实可行的。

几年前我在刚有创立品牌的打算时，不知做哪一行才好，迟迟拿不定主意，当时远在天边的一位老友大力向我推荐通信品牌，并坦言，他自己就在做这一行，只要我不与他恶性竞争，他愿与我互帮互助，共同发展。就这样，我俩常常召开电话会议，交流近期创业心得，讨论新项目。

4. 提供精神上的动力支持

对于从来没有做过品牌推广的人而言，第一次运作的坎坷有时超乎你的想象，有很多问题不是有了资金和人脉就能解决的，有时你甚至面临重大失败与不得不放弃的选择，太多压力压得你透不过气，让你不知所措，却又无从和家人倾诉。这时，如果能有个朋友在身边，一句话，一杯酒，一个电话，一次网聊甚至只是单方面地倾听，都能带给你心灵上无穷的正能量，使你重新鼓起勇气迎接未知的困难。朋友不只是你关系网中的重要一环，更是你强大的精神支柱。

因此，品牌推广之路漫漫，若有几个好友鼎力相助，必能大大提高创业成功的概率！

做品牌推广的路上若能有这样的朋友支持，那绝对会大大增加你成功的概率。当然，朋友不仅是学生时代的同学们，还有与你共事过的同事、下属或领导。

只要你工作过，就一定会有同事，尽管平时总是各自为政，有时难免明争暗斗，但更多的是合作。日久见人心，工作久了，你一定会同某个志趣相投的朋友达成共识，形成自己的好友圈。或许现在你们可能已经分道扬镳，不在一起共事，但不表示他们对你就没有帮助。这些人在能力、社会关系、资金、经验、技术以及对优质商机的判断上往往都很强。

我有一位曾经共事过的同事余洋，他后来自己做起了建材类的供应商。余洋说，多亏了以前部门的小棠和小权，这两个人比他先一步跳槽到知名的地产企业，并当上了采购部的领导，凭借同事关系，这些年来，这个地产企业差不多三成的建材供应权都交给了余洋。除了一笔庞大的流动资金和公车，如今还抵押给他好几处房产，当年品牌建立之初的起步资金还不到5万元，如今还省去了做推广的钱，由于余洋一直给这个庞大的地产集团供货，集团内部的人介绍了许多其他大客户，一传十，十传百，销路就渐渐打开了。

五年前，朋友小张在创立品牌之初，就是典型的“先天不足，要啥没啥”，幸亏他原来单位的直属领导赵主任和当时在北京时的同事陈尹。在小张的品牌没办法维系下去的时候，他们肯借钱给小张做推广，令小张感激不尽，后来因为业务往来的关系，反而增加了他们之间的感情，至今都维持着很好的关系。

在现实中，不管是亲人、同学还是同事，关系有深有浅，气氛融洽、关系良好、互惠互利当然是最圆满的结局，你能和他人处好关系本身已经证明了自己存在的价值，而这些都是你在做品牌推广过程中无形的本金。

在人脉这个难题上，我一直奉行一句话：行善之人，如春园之草，未见其长，则日有所增；行恶之人，如磨刀之石，未见其损，则日有所溃。

人脉如空气般无形无色无味，但每个品牌都不能离开空气而生存，其作用是显而易见的。让你的人脉关系网多角度无限延伸，本身就是在为今后的品牌推广之旅积累无形的巨大财富！

第十二章　突破三大心理，强大推广野心让你成为未来赢家

消极懈怠心理

下一步该前进还是放弃？是积极面对还是消极逃避？是上是下？做下去还是撒手走人？品牌赢利 50 万元就够了吗，要不要向 100 万元冲刺？

这些是企业人在运作品牌时常常会遇到的问题。这时，除了要有一定的人脉，还要让自己的心强大起来。

说起马云，企业人可能觉得这个人离自己太遥远，然而马云的创业经历却值得所有企业家学习。

马云在大学毕业后，面试了 30 多份工作，无一例外地被拒绝，讽刺的是，因为马云长得像“ET（外星人）”，假设当时马云被其中任何一家企业录取，相信他的人生轨迹就因此改变了，或许就不会有今天阿里巴巴这个品牌了。

找工作屡屡受挫，无奈之下，马云和几个伙伴于 1999 年，以 50 万元的注册资本创立了阿里巴巴品牌。有不少企业人总是喜欢看一些类似成功学的书，希望借助他人成功的力量助自己一臂之力，这现实吗？对待这个问题，马云的回答是：“所有企业人最好少去听那些成功

的专家讲的话，多花点时间学学别人是怎么失败的，因为一个品牌成功的原因有千千万，而失败的原因就一两点。所以，不要去听那些成功学讲座，成功学需要用心和实践去感受。我敢说，如果有一天你也成功了，那么，你说任何话都是对的！”

的确，每个人年轻的时候都会买不少成功学图书，其实这类书和兴奋剂没什么两样，除了不痛不痒的创业口号和几番激励的话语，实质性的创业指导方法少之又少，看完之后你一样找不到品牌的出路。甚至反而败坏了自己的心态，做一些空中楼阁毫无边际的蠢事。多年后回过头来看，你的企业很可能还是老样子，推广了多年也没有突破100万元业绩，这样发展下去再做一百年还是难有起色。

在推广过程中遇到纷繁复杂难以解决的问题时，往往需要你立刻做出决策，这对于企业人来说是一个巨大的考验，一旦决策错误一个品牌就可能毁在你手里。对第一次大胆尝试的企业人而言，在起点上大家都没有什么经验，能做的就是顾全大局、放眼未来，保证品牌发展之路不出现大的偏差，最多是发展速度稍慢、前期赚得少一点，而这些同你最终的品牌理想比起来却是小巫见大巫。

老赵以创立KTV起家，在歌厅红红火火业绩一路飙升之时，决定拉高品牌档次，除了对包间进行升级装修，还更换了一批中央空调，不料却在这个环节出现了问题。

当时老赵选择了一家报价低、保修时间长的大连某空调代理商，签订了购买合同，付了6万元首付款，谁知买回来的主机用不了，接着和厂家周旋了整整三周，对方一直拖延时间，原本是装修中的一件小事却成了棘手的问题，能否按时把空调装好直接关系到他们是否能按时重振品牌雄风。如今，老赵回想签合同的过程，他们之所以会吃亏是因为：

一是不该自作主张跨区域找经销商，即便有朋友牵线，出了问题也是“哑巴吃黄连”，缺少规范性；

二是虽然可以将这家企业告上法庭，但开业时间在即，已没有那么多时间和精力。

经历了这次事件，老赵算是明白了，出了问题抱怨是没有用的，必须主动想办法，积极面对，就算要承担一定损失，只要整体的发展方向无误就可以了，经营品牌哪儿有那么多“万事顺意”。身为企业的领导者，问题面前，所有人都无法在短时间内给出解决办法时，每个人都在指望你。这时，一切埋怨、抱怨与愤怒都于事无补，只会拖延时间，要有信心、稳住大局，镇定自若、冷静地调动所有资源解决问题，并将事情的进展及时告知所有人，让你身后的人看到希望，才能避免消极懈怠心理，把任何阻碍品牌发展的问题第一时间解决掉。

急于求成心理

很多人一想到做品牌、做推广，就希望快速品到甜头，赚到大钱。而在海量的网络信息世界中，总是有一些迅速致富的成功案例充斥着想要一夜暴富的人们的心，看得多了有人就会给自己定下可以迅速成功的暗示和结论。然而，正是这种急于求成的心理导致企业人在推广业绩通向百万关口的途中夭折。在后期项目选择与推广的过程中，凡事求快，导致了很多错误的决策。

品牌刚刚有了起色，赚了点小钱，就认为自己有了推广经验，可以赚更多的钱，于是开始将目标瞄准那些迅速致富的“暴利”品牌项目，立志在短时间内收回成本，赚到一百万元，从此走上了快速致富的道路，而结果却是轻者举债，重者赔了夫人又折兵，甚至吃官司。网络上，随处可见学历低、没背景、投入少，却年赚千百万元的致富项目，这类广告对于一个没有品牌运营经验的人而言确实诱人，但回归现实，更多的是“不可能”。就算没有人祸，说不定还会遇到天灾，在这个世界上压根就没有100%无风险，100%赚钱的品牌。即使有块馅饼掉在你头上，恐怕你也要走霉运了。为什么会有那么多人“上瘾”？因为他们本身抱着急于求成的心理，把品牌推广当成了一场赌博，说什么都要赢钱。那些所谓能致富的项目其实和大街小巷上的电玩厅、游戏厅没什么两样，这些地方不可能让每个去的人都赚翻天，他们要生存，要赚钱，还要去掉经营成本，他能让你从他腰包里抢钱吗？可现实中总是有一些人天真地不知死活，坚信只要把钱投进去，品牌一定能利滚利赚大钱，结果呢？一无所有。

不必在品牌有了一点成绩，赚到一点钱就不知天高地厚，或者说有了钱也要沉住气。

有太多骗子企业披着“合法”的羊皮，以所谓“资本运作”、“特许经营”等方式，以高额推广回报或分红为诱饵，通过发展下线搞传销活动，这不是正当的推广渠道。更有甚者，明明是传销组织，却打着“电子商务”的幌子开办“网上创业培训”，以在××天内致富作为诱饵，骗取高额推广学费或加盟费。看似幼稚的游戏，上当的人却数不胜数，而但凡陷进去的人基本都倾家荡产。

那为什么还有那么多人上当受骗？上当之人并非“傻”，而是宁愿相信能通过迅速推广赚大钱，而这些钓鱼企业通常也会先让品牌在短时间内有效推广，赚一点钱，让他们继续相信，让更多的人“上钩”。好事当前，大部分人的判断力和就要上钩的鱼没什么分别，说到底，还是急于求成的心理在作祟。难怪那些坐收渔翁之利的骗子大放“中国人民的钱太好赚”这样的厥词，一来中国人多，二来这么多人中，想迅速成功的人同样多。纵观这些欺骗名目，都有一个共同的特点，抓住了既想扩大品牌、发家致富，又不想出钱出力、脚踏实地做推广的人性的弱点。此类诈骗案例无不令人触目惊心，上当受骗者无不损失惨重。吃一堑长一智，总想着不劳而获的美事，结果一头栽进去出不来，这可怨不得别人。

不要认为暂时品牌运营得好，赚了点钱就是行业大佬。别说是大佬，经营稍有不慎品牌就可能全面崩盘。也不要总是盯着那些已经趋于成熟的所谓的热门品牌行业。例如，人满为患的服装业、批发业、运输业、餐饮娱乐业。虽门槛技术低，但竞争异常激烈，每一次做推广投资并非不痛不痒的数目，最后的利润空间却越来越小，这也是近几年，起步迅速、发展缓慢的品牌失败率高、业绩难以突破百万元大关的原因之一。在后期选择项目时，一定要从自身的现有资源和优势出发，选择适合品牌生存的行业，尽管有的行业尚且看不到什么利润空间，似乎别人都不愿意做，但怎么评估都觉得这个项目适合自己，只要日后能把品牌推广出去，久而久之，一样能做大做强，赢得不菲的财富。

世界上大部分的事物都要经历时间、发展、阶梯式递进的发展规律，品牌推广亦如此。而营销人员及所有企业人能力的提升同任何人的成长过程没什么两样，从无到有，从大到小，从陌生到了解，从小学到大学。拔苗助长、急于求成本身就违背了品牌的成长规律，非要背叛生长势必要付出惨痛的代价。把脚踩在地上，一步一个脚印地精心培育品牌这棵树种，有朝一日才能从小变大长成为参天大树！

无形的恐惧心理

为何要在探讨品牌问题时谈心理问题呢？因为是人在经营品牌，一个人的心理状态犹如一只无影手左右着人的思维和行动。品牌就像在艰难地爬一个陡坡，不进则退，在很多时刻，你可能处于举棋不定、左右为难的状态，最终品牌走向哪里，最终还是由你定夺。与其说解决品牌与推广问题是寻找答案的过程，不如说是和自己内心的一场较量，很多事情没有最佳的解决方案，那怎么办？不要怕，大胆解决便是了。因为不管面对什么情况，最终都要做出选择，当你的运营经验随着时间的累积越来越丰富，管理越来越成熟时，你解决问题所用的时间就会越来越短。那时回头审视当初的决定，多少都有欠缺和不满，对也好错也罢，已经不再重要，因为你已经有足够的信心不再与类似的问题狭路相逢。

在做品牌推广过程中，最普遍的一种心理状态就是无来由地无形地恐惧。有些人不敢轻易做推广，因为没有钱，投进去可能就收不回来了。而有的人则是推广之后不敢出手，怕这怕那，因为怕赔钱。行走在机遇与风险并行的经济长廊中，逃避、退却是经营者的心理惯性。正如诺贝尔经济学奖的得主兼心理学家卡曼尼得出的“前景理论”：人人都习惯本能地躲避风险，却也喜欢冒险。

关于这一理论有两个心理测试，请在以下两个选项中做出选择：

A. 保证你在推广过程中能赚到 1 000 元；

B. 有一半的可能性赚到 2 000 元，但也有一半可能性是一分钱也赚不到。

但凡参与测试的人大多数都选择了 A，表明大部分人都会本能地规避风险，力求保本。

A. 推广后肯定会赔掉 1 000 元；

B. 有一半可能性损失 2 000 元，但也有一半可能性一分钱都不会赔。

这时，大多数人又会选择 B，说明恐惧的同时，人们也有冒险的偏好。

假设从概率学的角度来看，其实两种答案的概率是一样的，只是条件不同罢了。在面对获得时，人们都不愿失去，所以不敢冒险；但在面对失去时，人们又成了冒险家，敢于奋力一搏了。

有人不明白为何世界上永远有富人和穷人之分，抱怨上天不公，殊不知，每个人都有一辈子的时间，生来和死去都是赤身裸体，这三大方面是多么的公平。那你到底在怕什么？

说到底，大部分企业人所谓的“怕”还是因为自己的品牌实力不济。回想一下，当你在生活里遇到麻烦事时，为何要找身边的亲戚朋友帮忙，因为这些人有能力帮你解决某个问题。但他们的能力也不是与生俱来，而是逐渐积累得来的。

既然找到了怕的原因，就要努力去克服。有的人什么道理都明白，就是不付诸实践，从结果导向来看，知道一件事不去做和因为不知道所以不去做没有什么差别。不要怕，不要等，立刻行动！

一个成功自主经营品牌的老板在接受媒体采访时说："我发现，在我们企业中，给我打工的员工普遍学历高，学生时代成绩突出。回想自己当初也拼命地学习，但是连师范都没有考上，所以对那些学历比我高，比我有文化的人我一直都很敬畏，认为他们天生聪明，办事能力强，反观现状，我竟然成了他们的老板，这是我万万想不到的。"

听到这些我也禁不住思考这是为什么？

据他分析："在我看来，一个人想要成就一个品牌，离不开智商、情商和胆商。一个人想要在推广过程中有所突破，胆商则应位居第一。我观察那些受过高等教育的人，他们在某些方面的智慧的确高人一等，但有太多人有智无胆，或有胆无谋，显然这些人的三商不够平衡。相反，那些在考试中被淘汰的人，往往在其他方面更有魄力，如善于交际，懂得经营之道。所以，千万不要觉得你现在尚未成功，学历又低人一等，做起事来就怕这怕那，什么也不要怕，否则，一百万元会永远与你擦肩而过。"

从品牌运作的角度而言，不是给别人打工便是自主经营。曾经一位老板的经济状况惨不忍睹，生存所迫他不得不开始想办法，甚至想起了以前做过的品牌业务，每天给过去接触过的老客户打电话，成天奔波于苏州、南京等几座城市，凡是他想到的都找了。以前他做业务员时没少帮他们，一直保持良好的关系，因此取得了对方信任。很多人愿意卖个人情给他，从他手里做单，那时每月基本维持在几千元的收入。他知道这不是长久之计，只能勉强维持生计。一转眼两年过去，这期间他四处寻找投资推广的机会，终于在2012年，他决定从通信品牌开始发展。那时，他的小女儿刚出生不久，他爱人并不支持他自主经营品牌，他的心更是忐忑，手里本来没什么钱，剩下的利润还不够每月基本开支。甚至有时必须向亲朋借钱才能顺利推广，“赔了咋办？”这成了每天萦绕在他耳边的一句咒语，常常感到压力很大，失眠，悔恨自己为何这些年半点储蓄都没有。思来想去，怕又能怎样？他明白自己要生存，还要养活家人，就必须从容不迫地走出品牌推广困境。

鉴于资金有限，发展中后期更要小心翼翼地挖掘那些起步资金投入低、风险低的项目，其实这样的项目也有它的坏处。他尝试过各种品牌代理甚至做过电视购物，每次投入额都不大，但最终忙活一场也没赚到什么钱，最终才选择通信业。他对自己说，别怕！去做就可以了！机会总是在寻找的过程中被发现的。每个人都想成为500万元彩票大奖得主，但你总得先去买回来几张彩票才有机会吧！既然已经走上品牌经营这条路，怕无法解决问题。前面的问题突破了，到后面你会发现品牌问题也没你想象中那么复杂。事物的两面性告诉我们，“塞翁失马，焉知非福？”问题产生的同时往往也伴随着大好的机会。

他在涉足通信品牌之初便棋逢敌手，处处遭人排挤，如果他就此放弃，不去和对方谈判，争取推广机会，恐怕到现在业务都为零。所以，出门了，就别怕打雷下雨，不向前行，永远不知道下一步过后是凄风苦雨还是白虹贯日。唯有强大的野心才能助推广一臂之力，让你在冲破重重阻碍后成为大赢家！

Part 4

制胜之道：
走在网络“赢”销新时代

- “E”时代懂网络营销者笑到最后
- 笑看互联网时代企业之“喜”
- 360 度客观解析互联网时代企业之“忧”
- 利用网络营销解除舆论危机才是制胜之道

第十三章 “E”时代懂网络营销者笑到最后

原因1：互联网时代之“喜”显而易见

网络营销，英文名称On-line Marketing或E-Marketing，从广义上说，它是以国际互联网为基础，利用数字化的信息和网络媒体的交互性辅助营销目标实现的一种新型的市场营销方式；从狭义上说，它是企业整体营销战略的一个组成部分，是为实现企业总体经营目标所进行的，以互联网为基本手段、营造网上经营环境的各种活动。

互联网时代之“喜”显而易见，为何这样说呢？

1. 网络营销传播迅速，范围广，无地域与时间限制

由于传送媒介是多媒体设备，使得内容全面、生动形象、互动性强、反馈及时等，大大提高了企业信息的传播效率，降低了企业信息宣传的成本，增强了企业形象和实力。

2. 网络营销无须店面租金，大大降低了成本

这使企业的营销方式更可靠，更具执行力，更使企业实现了产品直销，节约了运费，降低了综合指标成本，减少了库存等，从无形中帮助企业减小了生存压力。

3. 网络营销的覆盖市场是全球性的

通过网络营销，全球企业可以相互学习、沟通，方便了企业迅速快捷地进入国际市场。尤其当世贸组织规定不对网络贸易征收关税后，网络营销便成为企业走向国际的绿色通道。

除此之外，网络时代为品牌推广带来的“喜”还表现在以下几个方面。

1. 降低推广成本

由最初的物物交换到易货交易，到以互联网为载体的信息交换，从这一过程的对比中不难发现，网络营销不但可以减少推广时间、印刷宣传册的成本、运费成本，还免去了店面租金、雇佣店员、店面水电费、工商管理费等成本。

2. 运作迅速，推广高效

通过互联网的数据库，消费者可以随时对产品信息进行查询，其数据精确程度是其他媒介所无法比拟的。此外，企业还可以根据市场调研时时更改产品信息、调整产品价格，使产品的整个推广、销售流程都高效运转并发挥作用。

3. 推广多元化

互联网传播可以将文字、声音、图像结合，同时进行有效推广，使产品信息能够以多种方式存在和进行交易。网络营销的这种多元性能够更好地激发营销人员的灵感及能动性、交互性。

4. 超越时间、空间限制，具有超前性

占有市场份额是营销的最终目的，由于网络能够超越时间和空间的约束进行产品信息交换，使营销更贴近生活和实际，企业也因此获得了剩余时间和空间进行营销，对自身推广进行时时监控。

毫无疑问，在功能上互联网是最强大的推广工具，它兼具推广、电子交易、渠道、互动服务以及市场信息分析与提供的强大功能。实际上，网络营销这一模式正是未来主要营销手段的发展趋势。

5. 更新快，成长迅速

网络数据随时都在进行更新、替换。这时产品的换代也更加频繁，正因如此，企业才能及时发现自身品牌的不足之处加以改进，使产品随着互联网的发展而不断成长。

原因 2：潜在市场空前绝后

网络不仅丰富了人们茶余饭后的生活，而且每当有网络事件爆发时，人们总会自发地到论坛集结发帖，伸张正义，使得那些做了亏心事的公众人物背负了莫大的舆论压力。不管怎样，网络的力量不可忽视。

在品牌推广的世界中，网络的力量不容小觑，因此有了网络营销这一概念。如今，随着网络的不断发展，几乎没有网上找不到的品牌，

包括消费者需要的服务和产品。因此，这种情形也逐渐改变了顾客潜意识中的消费观念。许多顾客由最初的不相信网络产品到主动浏览网页参与购买，这不仅单纯代表着网络咨询与产品的丰富与繁荣，更表示着顾客潜意识中的消费观念在随着网络的兴起而发生巨大改变。久而久之，网络便顺理成章地融入了人们的生活，并成为一种时尚。

当然，这只是一个小小的开始，因为它的背后是一个掩藏的庞大的“潜在市场”。

最初，网络一直都只是被专业人士应用于科研，直到 1969 年网络在美国起源并兴起，再到 1995 年万维网建立并于同年建立了首个网络浏览器 Mosaic。随后的十年间，网络风暴席卷了全球。如今，网络不只是融入了人们的茶余饭后，它使得企业和个人，尤其是消费者的角色、观念发生了颠覆性的转变。那么，网络到底会带来怎样的噱头、变化和空前庞大的“潜在市场”呢？

1. 网络改变传统购物模式

从根本上说，传统的推广都是“看得见摸得着”的有形商品，而网络却带来了不一样的视觉冲击力。虽然人们看不见实物，却可以通过各式精致的图片、视频等方式浏览。这种让消费者“大饱眼福”的模式自然会转变消费者关注的目光，消费者更愿意将眼球投在那些吸引人的图片上，从而引发其购买兴趣，激发其购买的渴望，当消费者对某种产品有了渴望时，他自然会对产品进行具体搜索，这期间，也是加深对产品性能特点的记忆过程。最终当消费者确定好所有信息后，便顺其自然地进行行动，也就是购买阶段。许多消费者还习惯于将购买成功的“战利品”分享到公众平台，引起更多消费者的关注。同理，按照此流程循环下去，便形成了一个以网络为载体的具有一定规律性的新型消费模式。

2. 网络带来空前绝后的巨大潜在市场

当网络融入了生活，当网络改变了消费者行为模式，当网络改变了企业的营销模式，当网络引爆了消费浪潮，这些种种必然会使网络带来一个空前庞大的“潜在市场”，而这一“潜在市场”的名字就叫作“网络营销”。

我国的网络营销市场规模正在以空前绝后的涨幅激增，可以肯定的是，网络营销市场前进的空间是无限的，它定会因为承载了网络这一介质而发动一场前所未有的推广革命！

原因3：完胜传统营销

要想摒弃传统推广道路，更好地利用网络进行网络营销，就要了解网络营销与传统营销的优劣势对比，从而去其糟粕，取其精华，不断进步和发展。网络营销作为信息技术时代的新兴产业，与传统营销相比，自然会有着自身的优势和不足之处，下面来挖掘其中奥秘。

1. 网络营销在传播方面比传统营销更有优势

传播是指卖方将商品或服务的信息传递给买方的过程。

（1）成本低廉。网络营销在传播上是以网络为媒介，其信息传递的整个过程成本低廉，除此之外，网络虚拟空间可以无限扩展，网络硬盘的使用也是免费的，这就为企业节省了大量宣传工具的购买力，使企业紧缺资源得到优化。

（2）内容生动。网络的传播方式通常是以文字、图片、声音、视频等多媒体的结合体进行传播，可以全面地展示产品的性能及特点，或生动活泼高雅美丽的视觉效果给消费者留下了深刻的印象。据调查研究数据显示，现行的网络技术可以将产品 98% 的信息有效传达给消费者，让消费者可以身临其境的去感受。

（3）互动性强。等待对于当代消费者而言如同牙缝间的蛀虫，消费者不允许它在自己体内停留一分一秒。很多消费者对商品产生问题时，都希望商家能够 24 小时在线服务给予满意的解答，如果企业不能做到这一点，无形中便会流失好多顾客。而网络的互动性强，能够较好地满足消费者的这一心理特点。

（4）传播细化。企业通过网络可以针对市场的规模、渠道等方面进行一对一的细分。比如卖方可以通过调研为买方量身打造一套广告流程，还可以一对一的发送电子邮件。总之，网络营销的传播细化能够使企业更有针对性和目标性。

（5）即时购买。有了网络，消费者在看中一样商品后可以立刻下单购买。而免去了到商场里货比三家的烦琐程序，而消费者也不可能由于想买一件大衣就直接冲到了商场里，网络营销则不同，它使得消费者的购买速度大大增加。即使是购买电脑也可在次日送货上门，这一便捷特点也是吸引消费者的地方。

（6）节约成本。网络营销省略了许多中间厂家间的沟通环节，通常是由卖方直接将产品交给了买方。互联网营销免去了中间商环节，直接由卖方传递给买方，节约了一系列费用。

2. 网络营销在需求传递方面比传统营销更有优势

需求是指卖方生产的产品要符合买方的日常需要和消费心理。

（1）成本低。传统的营销方式只是向用户发送普通的邮件进行问卷调查，其成本较高。而网络则只需支付上网费用，而且随着中国网络的普及，这种低成本的运作也得以实现。据调查，大城市的网吧费用平均在三四元一小时，而中小城市则只需一两元左右。

（2）高效性。传统的营销信息通常是在海报上且通常是手写方式，甚至有些字迹难以辨认，或有笔误。而网络信息则是标准的文字表达方式，清晰可见，数据明确，便于分类、统计和管理。

（3）互动性。传统营销方式通常需要电话咨询，消费者无法得到及时回复。而网络营销则可以通过聊天工具、BBS 等方式使买卖双方及时沟通。

（4）范围广。由于网络数据库的强大存储量，使得产品信息丰富多样，消费者可以通过网络对商品进行海选，选择范围更大，产品范围更广。而传统营销在这一方面则具有相对的局限性，无法面面俱到。

（5）私密性。传统营销都是买卖双方面对面地交谈讨论，而网络营销则无须消费者抛头露面，具有一定的私密性，这使得消费者没有后顾之忧，能更大胆地下单，这一点尤其体现在隐私商品方面。

（6）无限制。网络几乎是全天候 24 小时服务的，没有地区、时区的限制，使消费者的购物变得更自由。而传统营销则达不到此境界。

3. 网络营销在货币支付方面比传统营销更有优势

货币是指消费者对商家提供商品/服务的金钱回报。

（1）选择性强。网银系统平台，兼具手机、一网通付费方式，灵活多样的付款方式使得买方的选择更多一些，更使商家能够及时回收成本。

（2）信息流高速及时。网络通常是将物流与货币转换成信息流，从而提高商品的流通购买率，大大降低了流通成本。这是传统营销难以取而代之的地方。

原因4：网络营销利润池：长尾市场

当年英国纪录片《触及巅峰》以其超高的票房轰动了整个影坛，荣获了年度英国电影电视艺术学院最佳影片大奖，并被誉为“英国票房史上最成功的纪录片”，观众们更是不约而同地将其评为“历史上最佳的10部登山电影”之一，一时间，所有的光环都向这部电影扑来，有些人会好奇，这到底是为什么？

事实上这是根据一部畅销图书改编成的纪录片。这本同名书《触及巅峰》早在1998年就红极一时，百万的销量使其成功登上了《纽约时报》，更是在畅销榜上高居榜首达14周之久，几乎破了历史记录。

但是，人们惊讶的并不是这本书取得了多大的成功，而是这本书的出版日期竟然还是1998年，已经10多年过去了，为何一本早已被人遗忘在角落的书再度火爆起来？

长尾理论，英文名The Long Tail，是当今商界的热门词汇，更是网络时代新兴的一种理论。提出者是美国人克里斯·安德森。长尾理论是指，由于成本和效率的因素，当商品储存流通展示的场地和渠道足够宽广，商品上产成本急剧下降以至于个人都可以进行生产，并会有人购买，这些需求和销量不高的产品所占据的共同市场份额，可以和主流产品的市场份额相提并论，甚至远超其市场份额。

简单地说，长尾理论，是指商业和文化的未来不在于传统需求曲线上那个代表“畅销商品”的头部；而是那条代表“冷门商品”经常为人遗忘的长尾。

事实上，长尾理论最早出现在网络音乐下载中，而现如今，它却延伸到了整个商业领域及社会体系中。

最理想的长尾定义的三个关键点：

（1）热卖品向利基市场（Niches）的转变。

（2）富足经济（The economics of abundance）。

（3）由小市场聚合而成的大市场（Super Markets）。

Google就是一个典型的“长尾企业”，将出版商和广告的“长尾”商业化的过程就是其成长过程。举个简单的例子，Ad Sense占据了Google的大半个江山，其主要客户都是一些小型网站和个人，而相对于普通的广告商来说，它所能带来的价值微不足道。而Google却改变了这一现状，它通过为其提供个性化广告服务的定制，将这一小群体汇聚起来，形成一个大的循环经济体系，不断为自己创造客观利润。

如今，Google 被誉为“最有价值的媒体企业”之一。

在网络营销还没有出现之前，电子商务是全球网络领域中最早引入的概念之一，但发展至今，B2C 平台却一直没有成为我国网络领域的“大哥大”，即使一向坚持己见的亚马逊也不过如此，贝塔斯曼也刚刚撤离了中国市场。这说明，我国的电子商务还面临着许多的“先天不足”，同时这里面也隐藏着一个巨大的“长尾效应”。所以，我国的综合网络事业要想长足发展，就必须引入长尾理论。

曾有一位专业人士将网络营销比作狼群分工，这一理论非常有意思。狼群好比存在着既竞争又合作关系的商家们，而猎物则是消费者，狼群在袭击猎物时除了战略严谨外，还有一套自己的“执行方针”：头狼劳苦功高，自然要分到第一道食物。那些战斗力次之但是正呈上升趋势的小狼们则将奄奄一息的猎物分肢瓦解，甚至瓜分得连骨头都不剩。很显然，如果长此以往，必然要导致异常内战，狼群拼个你死我活对谁都没有好处，不是狼群同归于尽，便是胜者为王败者为寇，这对网络经济的发展是十分不利的。因此，唯有利用长尾理论，发掘那些隐藏的“长尾”，不断创新为企业创造价值，才不会导致内战的局面，而是共同进步。“长尾”理论为网络营销带来的利润空间有目共睹。

1. 多方受益，合作共赢

除了 Google 的长尾价值外，中小型网站网络营销的长尾价值同样不容小觑。据调查，近几年中国长尾网络营销市场年增长率将高达 50% 以上。这使得广告商、广告主、网站三方都受益匪浅。

2. 网络成为推广新思路

在我国，由于市场经济，金融政策以及用户习惯等方面的限制，网络营销作为新的营销模式还不能够完全独当一面。但是，企业完全可以利用长尾理论为自己出谋划策，并以网络营销为载体，结合消费者的消费习惯不断创新，就像开篇提到的《触及巅峰》一样，哪怕是经过了岁月的沉淀甚至快被人遗忘，但是在“长尾效应”的趋势下，依然可以唤醒人们买单的欲望。

3. 释放不可取代的巨大能量

“长尾现象”对于网络媒体的冲击力更为强大，体现较为明显的是博客。博客的雏形是网络日志，后来经过一系列的演变，新式功能源源不断地出现，于是最终成了博客。博客一经推出，便颠覆了网络日志光景惨淡的局面。博客不但可以用作个人日记抒发感情，记录生活琐事，更可以做网络营销赚钱。当下较为受欢迎的是明星博客居多，于是博客也成了明星的活跃基地，更成了他们的免费宣传阵地。

从博客整体模式来看，明星博客，热门博客自然吸引眼球，但毕竟大多数的还是访问量不超 1 000 的草根博客，所以在此便隐藏着一个“长尾效应”，一旦这个“长尾效应”中的某一事件被人们疯狂转载、评论，这个“长尾效应”便会释放出不可取代的巨大能量。

在长尾效益的时代，长尾理论对于搜索引擎优化中的关键词策略非常有用。也就是说，长尾关键词不但能为网站带来高访问量，而且由长尾关键词检索所形成的顾客转化率会更高。例如，检索词“SEO”

与“北京 SEO”相比，后者的检索词更加容易转化成该网站的客户。这正是长尾关键词与 SEO 优化的密切联系。而 SEO 同样是网络营销中的关键部分，因此，商家有必要对长尾关键词进行优化。

如果说博客营销是网络营销的一种，那么微博营销则是当下最为流行的一种网络营销手段了。不管是大牌明星还是普通用户无人不“围脖”。“今天，你微博了吗？”逐渐成了时尚主流。以最火爆的新浪微博为例，女明星姚晨的新浪微博排名第一，300 多万的人气为姚晨赢得了大量关注度。事实上，那些 300 多万中的“多”便是无限可能的“长尾”，这个长尾可以继续蔓延使 300 万变成 400 万，而这期间，对于当事人而言，又会盈利多少不想可知。总之，长尾理论不仅有利于网络营销，更能打造出新的网络营销模式，这一点是值得企业人思考的。

第十四章　笑看互联网时代企业之“喜”

网络营销无与伦比的优势

这么多企业选择网络营销并不是没有理由的，更不是盲目跟风，而是网络营销比起传统营销，确实是有着无与伦比的优势。

1. 即时性强

随着互联网、移动网络的发展，网络营销渐渐地从不显山不露水，走上了营销主流的舞台，最重要的原因就是它有着极强的即时性。很多人用随身携带的手机，就能够通过微博等平台，用文字、图片等发表自己的意见，企业做网络营销也是如此，商家可以在第一时间在网上发布企业的最新动态，宣传新产品和新服务，并且推广企业最新的优惠推广活动。这一点，比起经过审核后才能在电视、报纸上发表的广告要快捷得多。

2. 成本很低

这是网络营销与传统营销相比最大的优势。企业的传统营销链中，宣传、联系、公关、销售、统计、反馈、售后等环节，每一个都需要投入大量的人力与物力，所花费的成本更是占据了企业收入的绝大部分。网络营销则巧妙地避开了大部分需要花费现金的环节，宣传、联系客户等，通过网络平台就可以简单完成，一些网络营销系统完善的企业，甚至可以直接通过互联网进行交易，而售后的统计和反馈等步骤也很容易通过社会化媒体平台完成，不能忽视的是，网络还能帮助企业迅速地与客户取得联系，解决客户反馈的问题，实现第一时间解决售后问题。而这些除了投入人力进行操作之外，一切成本等于都是由社会化媒体平台“垫付”了，节省下来的成本可以说是天文数字。

3. 广泛性

很多企业都花费了很大的精力才给自身的客户群进行了准确定位，但是在网络营销平台上，这些完全可以忽略不计，因为网络营销面对的是全体网民。企业所发布的产品信息，会被有购买需要的网民迅速得知，并且通过转发、评论、个人发布等途径将信息传递给其他人，这样一来，根本不需要企业自身费力宣传，就能够找到适合其产品和服务的消费群体。

4. 操作简单

商家转战网络营销市场的时候，最大的感慨就是：比起以前省时省心多了，之前几乎全企业的员工都要参与到营销的环节中，而现在只需要极少数的专项人员，就能将网络营销做得很好。偶尔发布一条 140 字以内的微博，就能让企业的宣传做到无孔不入，比起之前的营销要策划、实施、反馈，实在是方便多了。而且，这些空余出来的人手，可以用来进行企业新产品、新服务的研发，对企业来讲真是一举两得。

随着社会化媒体的繁荣与发展，越来越多的商家认识到——要把网络平台作为企业营销的推动力。有人的地方就有市场，有网络的地方就有信息的流通，由此，社会化媒体营销也就诞生了。

网络营销作为社会化媒体营销的方式之一，它会利用社会化网络、在线社区、百科、博客等互联网交流平台进行营销。

由于这些网络营销所能带来的便利非同凡响，越来越多的企业意识到社会化媒体营销已经成为一种趋势——国外有Facebook和Twitter，国内有人人网（原校内网）、新浪微博、腾讯微博。这些社交品牌都在深刻地改变人们的生活，社交网络的时代已经来临了。

社会化媒体营销并不是一种简单的风尚或者是企业营销手段的变革，而是一种由内而外的巨大变动，因为企业想要真正进入社会化营销，需要改变的不仅仅是固有的营销模式，还要对于网络营销有一定的了解，才能在最短的时间内形成一套稳定的新型的营销模式。

那么企业该如何改变自身、适应营销的新模式呢？

1. 精准的定位

这种定位不仅是针对企业自身的，还要针对市场及客户。企业在进入网络营销的同时，要对企业的品牌做一个准确的定位，即“卖什么”、“如何卖”和“要树立一个怎样的形象”。这些在企业发展的初期是非常重要的。对于客户群的定位，企业要在社交网络上选择最适合自己的平台，如国内某企业主要经营青少年服饰、鞋类，那么人人网就是一个很好的选择，因为其主要针对的就是具有一定消费能力的学生群体。企业必须做到，客户群体在哪，营销的主战场就在哪。

2. 全面发展的策略

有的企业认为，搞网络营销很简单，只要会在主要的社交平台上建立账号，偶尔发布产品新闻就可以了。事实上并不是如此简单，企业要对于可能涉及的环节进行详尽的计算，如账号矩阵的建立、内容的规划、宣传方法的规划、危机公关的建立以及互动反馈系统等前期准备工作，都需要投入不少的心血。只有把各方面规划完成，才能帮助企业短时间内形成自己的一套网络营销机制。

危机公关让企业化险为夷

危机公关也是一种分享，关键在于透明和诚恳。

当品牌危机爆发，企业要在第一时间做出解释，给出官方意见，和互联网的社区民众互动，把危机当成一种帮助企业发现自身管理问题的机会，同时与互联网上的普通消费者共同分享企业渡过危机的措施和行动，要让这种行动切实被网友看到，这正是企业营造新口碑的机会。

Twitter(中文称：推特)是在外国非常流行的一个社交网站，也提供微博平台。用户可以通过电脑和手机登录 Twitter 随时发表最新的微博。

一位乘客在 Twitter 上发了一条微博，内容是抱怨美国维珍航空企业班机上的娱乐节目。几分钟之后，维珍航空企业就给这位乘客发了一封解释性的电子邮件。对方是美国维珍航空的一位职员看到他的抱怨后立即采取了正面解释和回应的措施。随后收到解释邮件的乘客，在 Twitter 上又发表了新的留言，表达了对美国维珍航空企业的谅解和赞赏。维珍航空的即时监控和及时回复取得了非常好的效果。可以看出，美国航空企业完善的危机处理机制和舆论监视机制，以及对群众舆论和互联网网友意见的重视。

1. 建立一套互联网公关危机处理机制

在互联网飞速发展的时代，企业不仅需要进行网络营销，重视网络媒体中的口碑传播，还需要建立一套及时、正确地处理互联网公关危机的机制，这个机制可以帮助企业在第一时间赢得网友的好感，使舆论不至于走向失控。

2. 企业要加强对互联网信息的监控

这样才能在第一时间发现互联网上关于自身企业的负面信息。企业可以使用一些平台或者互联网搜索信息监控软件来帮助企业对互联网负面信息的监控。

3. 有及时应对措施

企业应该建立一个关于公关危机问题处理的处理条款和机制，考虑到大多数可能出现的情况，并且注明应对措施，当危机爆发时企业可以第一时间找出处理办法，而不是临时应对。

分享可以给企业的公关危机带来转机，及时正面回应是正道。

通过建立一套完善的机制：要包含危机处理机制和舆论监视机制两个内容。这样才能及时发现负面信息，及时回应，使正面信息转化为正面的影响。

在大多数情况下，及时的正面回应负面舆论，并对公众诚挚的道歉，是解决问题、化险为夷的最好办法。

口碑引导改变顾客观念

我们在说企业价值的时候，谈论最多的是企业的声誉，因为声誉的好坏是一家企业综合素质的体现——只有企业产品质量好、宣传效果好、客服效果好，才能共同构建良好的声誉。

客户的口碑就是声誉的一种。简单地说，口碑就是“口头上的称颂”。传统意义上的口碑主要是褒义的，但是随着营销的发展，口碑更多的是一种双向名词。

和声誉一样，口碑也有好有坏。

好的口碑能够很快在顾客中流传开来，而且由于多传播于亲戚、朋友、同事等关系人群中，因此传播速度快，影响力很大。坏的口碑同样具有高速度，好事不出门，坏事传千里，甚至有时候还要超过好口碑的传播，因为企业之前建立起的良好口碑一旦崩溃，就有一种“兵败如山倒，树倒猢狲散”的感觉了。

因此，“口碑传播”也被很多企业所重视，并且广泛应用于营销推广中。尤其是在互联网技术日益发达的今天，一旦口碑的价值被开发出来，商家完全可以在几乎不用花太大心思宣传的情况下，就会取得惊人的营销效果。

建立良好的口碑，就等于让顾客为企业做营销。

想要在网络营销中建立起良好的口碑，就必须了解口碑的三大特征。

1. 口碑源自客户

无论商家本身的内部机构、制度模式、运作流程有多完美，都不能作为其良好口碑的来源。商家在电视、报刊、网络上的鼓吹宣传，顾客未必相信，只有顾客竖起大拇指，商家才能真正树立起来自客户的口碑。

2. 口碑的形成来自共识

商家的口碑要经得起敲打，这就要绝大多数人说你好，才能是真的好。品牌的价值并不是少数人说你过关了就能确立起来的，而是要绝大多数顾客认可你的产品、服务和品牌文化。例如，某手机生产商生产的一批机型电池耗电量大，就有很多客户反馈该问题，共识就是这么达成的，从而形成了该品牌机型的负面口碑。

3. 口碑总是传颂于基层

众口铄金，人数最多、基数最大的无疑是基层消费者，他们可能购买力不是很高，重复购买率也较低，但是每一个消费者都是与社会化媒体串联在一起的独立个体，他们也都有着自己发表意见、评论的权利，而这些基层消费者的评论汇聚起来，就成为舆论的走向。

某企业新推出了一种饮料，味道非常好，也获得了认可，但是销量却不好，企业经过调查问卷也找不出原因。于是企业在社区上发帖《我觉得××饮料很好喝啊~为毛就是不红呢~这是为毛啊为毛啊~》，回帖很多，其中一个说：味道倒是蛮好，就是外观太拙了！太拙了！（不好看）。这条“太拙了”的回帖得到了网友们广泛的支持。企业这才明白饮料不畅销的原因是“外观令消费者不满意”，之前调查问卷都是根据价格、味道、定位等设置的，没有设置消费者对饮料的瓶子的意见。企业通过发帖阐述，回复交流的方式，了解到了用户真正的想法，就此改变产品的外观设计，是企业一个不错的选择。

口碑即是消费者的一种消费行为特征，也可以成为企业营销的一种方式，口碑既是用户对产品的好感和认可，也是用户之间互相交流信息的总和。口碑引导应该从用户的利益出发，引导用户传播关于产品的有益的信息，而不是一般意义上的炒作。口碑引导强调“用户体验”，没有用户体验就没有口碑一说，口碑无论是用户自主发起的，还是企业引导的，其传播本质应该是用户自主自愿地参与和传播。没有良好的用户体验为基础，口碑引导就是一个虚假的招牌，是不能为企业赢得真正口碑的。提高网友们的用户体验，提高每一次点击，每一次关注的质量和价值，就提高了企业服务的附加值。真正为用户提供他所需要的，以良好的产品和服务为基础的口碑引导，才能为企业赢得真正意义上的口碑。

所以，商家想要建立起良好的口碑，就必须把握住这三点特征，同时必须要注意建立口碑的几个主要途径。

1. 企业本身的主要产品、服务必须过关

企业所提供的产品和服务的质量永远是第一位的，如果这方面出了问题，那么其他的东西做得再好也是无用功。企业只有保证生产出质量优良的产品，才能引起消费者购买的最基本兴趣，才能让企业口碑朝着好的方向发展。

2. 适时举办推广活动

企业的营销过程，总是少不了各种各样的推广活动，网络营销更是如此——便利而廉价的网络条件和宣传平台，就是最好的媒介。商家可以办的活动有优惠推广、顾客返利、以旧换新、新品宣传等，这些无疑都能拉近企业与顾客的关系，也对建立口碑有着积极的作用。

3. 建立良好的服务机制

营销并不是做完宣传和销售就可以了，还必须担负起对产品及服务的售后服务责任。很多顾客在选购同一款商品的时候，最重视的就是售后。如某人要购买一台液晶电视，一家保修三年，另外一家不提供保修，结果是显而易见的。

只有做好了这些，企业才能为良好口碑的建立打下坚实的基础——利用顾客的口碑来做营销，永远是营销中的上上之选。

利用网络平台定位用户群

有的商家在转战社会化媒体营销之前，总是踌躇不前，原因是他们根本不了解网络营销，也不知道所谓的网络平台是怎么回事？

网络平台是互联网提供给人们交流、发表意见的地方。网络平台营销（On-line Marketing），是利用网站进行推广、销售产品或服务，建立品牌价值的营销手段，包括搜索营销、竞价营销、关键词营销、数据库营销。这四个环节相辅相成，共同构成了网络用户可见的营销产业链。

从广义上讲，网络平台营销又被称为网上营销、在线营销、网络行销等。这些名词都与网络有关，也就是说，网络平台营销就是以互联网为基础开展的营销活动，这与传统的营销模式截然不同。

做好网络营销的关键，首先是要理解其意义和目的。片面地说，企业做网络营销的目的就是宣传和销售其产品或服务，进而实现企业的价值。企业价值不仅仅是销售额，还是综合其品牌价值、收益价值、潜力价值等因素进行评定的。

想要全方位地实现企业价值，就要充分认识互联网的营销环境。作为一种全新的营销环境，互联网具有许多传统营销不具备的优势，也有很多缺陷和不足。企业要学会利用互联网平台以及该平台所能提供的便利，为企业营销活动提供支持（宣传支持、人力支持、销售支持、统计支持、反馈支持等）。

想要在网络平台如鱼得水，必须遵循网络平台的运作原则。

网络营销是以国际互联网为基础。互联网的数字化信息，能够有效地帮助企业了解商场的最新动态，从而做出有利于企业的营销调整。企业必须时刻注意市场上的变化，通过数据反馈（客户评分、销售预期值、销售实际数额等），进行企业价值的评估，及时进行自我调整。市场风云变幻，只有不断更新网络信息，才能不致落后。这就是网络平台的时效性原则，商家必须时刻遵守。

网络媒体的交互性也是实现营销目标的一种新型的市场营销方式。几乎所有成功的微营销企业都是以客户为中心的，客户中心论在哪里都适用，尤其是在网民众多的网络平台上。

网络媒体只是一种工具，网络化也只是大方向，只有真正做到与互联网用户交互，才能进一步实现企业的价值。

企业无论是在做传统营销还是网络平台营销，都必须进行两大定位——自身定位和用户群定位。

在过去，当然是企业的自身定位最重要，要明确自己要生产什么、提供什么样的服务，才能迈出发展的第一步。但是在以市场为中心的现在，这两者的地位发生了转变。相对来说，市场的需求才是第一位的，而市场的需求就是客户的需求——现在的企业不能想生产什么就做什么，而是要主动迎合客户群的需求，什么卖得好、什么需求量大才去生产什么。

基于这样的网络平台，用户群的定位并不复杂，简单地说，可以根据客户的经济状况、所属职业、客户学历及文化水平、年龄段、婚配状况等条件进行划分。

1. 经济状况

可以将客户的收入从低到高划分为不同的层次，从而使企业了解自己的产品适合哪一个层次的客户使用。如将客户按月收入划分为1 000元以下、1 000 ~ 3 000元、3 000元以上三个阶段。如果是某高档汽车品牌定位客户，要选择第三个层次的客户。

2. 职业划分

常见的职业有办公室白领、国企员工、个体经营户、教师、学生、自由职业者等，某品牌学习机定位客户群，学生群体无疑是最好的选择。

3. 学历层次

学历及文化水平是影响客户消费理念的重要因素，因为不同文化水平的客户会选择购买不同的产品的频率，对于商家的要求也不尽相同。如初中以下学历的客户对于产品或服务的要求一般是质量方面的，高学历客户要求企业的产品附加值高，对于交易环境等因素要求也高。

4. 年龄段

不同年龄段的客户的消费理念是所有分类中差异最大的，即所谓的“消费代沟”。一般来说，年纪较大的客户喜欢将金钱用在购买养生保健产品上，也喜欢购买收藏一些可升值的商品。年轻的消费者更追求消费的刺激，常购买一些消耗品、大额商品或虚拟商品。

因此，就产生了定位用户群的两大原则——主动性原则和精准性原则。

有些商家在做微营销时，总认为客户会自己找上门来，这样的客户群当然是准确的。但是不能忽视的是，同行业并不是只有一家企业，如果不主动出击定位客户，只会眼睁睁看着适合自己的客户群被竞争对手抢走。

客户群的定位必须精准，不能出现丝毫差错。不少商家寻找客户群的时候，只针对网络平台的选择，却不重视对于具体人群的选择。客户群定位模糊，这就是标准的高、大、全。综合所有分类因素，才能够建立起精准的定位。如某厨具品牌做网络营销，在定位的时候不仅要考虑年龄段，还要考虑客户的婚配状况、客户职业等因素。

只有遵循了这两大原则，客户的定位才能尽可能地做到准确无误，商家也才能在微营销的市场上踏出坚实的第一步。

全新商业模式脱胎换骨

随着网络科技的普及，上网人数的激增为亚马逊及各种电子商务模式的发展开辟了全新的商业模式，电子商务为全球的品牌推广带来了一次史无前例的变革。双向互动、足够大的虚拟空间、无限制的时空压缩是互联网的三大特性，这些特性促使电子商务以这一平台为依托，使其模式下的商业活动效率大大提高，而商业交易费用却大大降低，商家们不分大小，可以在同一时间跨行业销售，可谓是强者为王，胜者通吃。商家们为了套牢客户，不惜相互竞争，在这一过程中，传统商业机构的影子渐渐消退，新型的更加有生命力的快递企业如雨后春笋般发展起来。当所有的链条联系在一起，亚马逊轻而易举地就能做到及时、高效地与客户、商家及内部员工保持沟通，握紧手中的价值产业链。

亚马逊在建立之初，其惊人的销售业绩、庞大的规模、充满诱惑的折扣为亚马逊带来了不小的利益，但是其生存发展空间却并不多。然而，短短几年，在亚马逊近500万顾客中，二次消费率高达60%。即使在从全球范围看，在当时所有的网上商城中，亚马逊也是做得最好的一家。

亚马逊到底为何如此成功？它是怎样适应这种全新商业模式，握紧价值产业链的呢？

1. 不断趋于完善的管理

电子交易管理的主体包括客户与网络空间，其本质是创造性地将二者与其他相关场景相结合，实现同时监管，双重管理。亚马逊在这一模式上的创新是：尽可能多地掌握客户的详细数据，包括其购买习惯和不起眼的小爱好。根据这些数据做出分析报告，据此提供给每个顾客一种独特的购物模式和一个无法令人抗拒的购买选项。美国一家研究企业对此做过这样的分析：这种管理模式的本质是通过搜集起来的数据建立一个庞大的、无人能敌的信息帝国，而亚马逊的信息帝国正在从四面八方将顾客重重包围。

2. 对客户负责任的价值

对所有到访的客户负责任是亚马逊的另一价值理念。贝索斯说，唯有责任心才能让客户感到放心。吸引客户并不需要什么特殊的秘诀，如果客户能清楚地知道当他冒着风险购物时，你正在旁边密切地关注着他，就像随时等待发号施令的侍婢一样，这样的购物气氛绝对不会让你的客户失望。网购和在实体店购物最大的区别就是，顾客看不到货真价实的商品，也无法与其他人交流，唯一能做的就是下订单，抱着“试试看”的美好态度静静地等待，购物成功了算自己走运，不成功只能说自己倒霉。贝索斯强调，如果客户找到你说对购买的产品不满意，而你却说是你之前没想好这类的话，就是对客户不负责任的一种体现，同样身为商家，这是一种极其扭曲的价值观，因此，亚马逊格外重视对客户负责，它做到了，所以成功了。

3. 做的是科技产业

进货→发货，这一看似简单的流程有些像流通业，其实不然，亚马逊的定位是高科技产业。贝索斯说，既然已经迈向了电子商务时代，亚马逊绝不能再走传统商店的老路子，雇佣大批的“店员”充当“保安”的角色。在亚马逊，取而代之的是更多的技术、软件工程师，是不断创新的技术革命者。不做流通业做科技产业——这就是为什么近几年美国算得上档次的书店已经有数千家，甚至有不少传统的知名书店把业务搬到网上，而亚马逊遥遥领先的世界地位却依旧岿然不动的原因。贝索斯这样说：“网络商业将是极度重要的。对许多类似书籍销售的垂直性产业，重要性更是很快就会到来。网站的确可以在许多产业增加商业价值，而之前科技必须尽量成熟。”更有专家发出这样的预言：“未来对所有零售业者的挑战是决定科技与自己所从事的零售行业的相关程度。”不管怎样，可以肯定的是，贝索斯在老早以前就察觉到了商业价值与科技的必然联系，亚马逊能有今天的成功离不开科技。

4. 搜索迅速便捷

据说，亚马逊使用的服务器和链接都是快速的、一流的。如果你点开亚马逊的主页，会发现它的站点功能非常便捷，每一个二级标题打开都相当神速。亚马逊规定，对产品的正式介绍，其大小不超过40K，这才能确保用最普通的 Modem 也能在十几秒内高速下载，让顾客充分享受网上冲浪的快感，进一步为网民们提供便利条件。在搜寻方面，除了可以直接通过页面上已有的选项进行搜寻之外，顾客还可以不同主题的分类浏览，既节省上网时间，又能提升搜索的效率，这就是为什么亚马逊虽不具备给顾客在传统书店的临场感这一功能，却仍能使顾客在货比三家之后义无反顾地选择亚马逊的理由。

5. 事无巨细的购物清单

产品介绍不可以太啰唆，然而顾客的购物清单却值得详细解说。为什么几乎每一位来到亚马逊购物的顾客，都十分肯定自己可以找到任何书，买到任何需要的产品？这便是亚马逊提供详细清单的好处，一来表明了作为商家的认真态度，二来能让顾客在第一时间从众多的条目信息中发现自己的需求，那份找到需求之后的惊喜通常会让客户在高兴之余当场就下订单。

6. 承诺明确

贝索斯认为，没有什么比在每件产品后面都注明“现货，24小时内可送到”的承诺更吸引客户了。亚马逊网站的每一个页面几乎都能看到这样的字眼，这样一来客户就会放心购买。贝索斯强调，把商品的真实信息传递给客户是负责的表现，有没有货，能不能送达，都要如实告诉你的客户。

7. 专业、变化、洁净的主页

在亚马逊网站里，你永远也找不到那些看上去五颜六色、花里胡哨的图片和动画。亚马逊从来不是靠视觉征服客户，仔细观察，你会发现上面的图片都不是很大，不会占用很大的空间，但这样做并不是为了节省页面资源，而是为了能让页面有更多的产品信息，并且每一天都使其发生变化，“一天一点变化”是亚马逊模式下的重点工作。

8. 及时处理客户的 E-mail

你可以亲自给亚马逊发一封邮件，对方的回复速度总是快得惊人。不仅如此，在亚马逊网站上正式购买商品后，对方就会立即发送一封确认邮件，提醒客户检查商品的正确性，当商品正式寄出后，会立即再发送一封邮件，里面是商品的跟踪实时记录。事实证明，客户是这一方式的热衷者，这样的模式大大降低了客户网购的风险和一些不确定的因素。

“为什么偏要选择在亚马逊上购物？”

“因为他们反应迅速！”

这就是亚马逊这条产业链上的价值所在，也是其无与伦比的竞争力。贝索斯这样形容：“如果在半个小时之内回复，会给客户留下很深的印象；如果两天后回复，客户不会对你留有印象；如果一两周之后回复，很不幸，你将永远失去这位客户。”

9. 特殊的个性化服务

如果说上述几点是亚马逊的竞争力，那么它所推崇的特殊个性化服务更是其核心竞争力。来看看亚马逊的个性化服务都有哪些。

（1）地图检索服务。地图检索是亚马逊为客户开通的一个虚拟通道，客户进入后可以查找到自己所在地区并开启检索服务，在亚马逊的数据库中已经有数以千万计的城市街道的图片，涵盖了美国大部分城市、街区，足以为客户提供详细的检索及驾驶指南服务。这一模式相当于现在的 GPS 导航系统，但亚马逊早在十几年前就已经拥有了这项功能。

（2）一点即拨服务。根据美国《华尔街日报》的记载，2006 年年初，亚马逊就通过网络电话，推出了全新的服务内容。客户只要在当前所在的服务区页面上输入电话号码，轻轻一点，就会立刻有客服人员来电答疑解惑，这就是亚马逊一点即拨的服务，一经推出便大大提高了客户的满意度，同时增加了网站的点击率和客户回购率。

（3）发送电子感谢卡的注册服务。有不少客户对购买的产品表示满意，他们很想把产品的图片拍摄下来并进行展示，于是亚马逊就为客户提供了这一功能。一方面通过客户的真实展示建立了口碑，另一方面及时地为客户送上一张电子感谢卡，牢牢地套住了客户的心，可谓一举两得。

（4）充满乐趣的统计服务。顾客购书之前并不见得对其购买的书有多少了解，为了使顾客的每一分钱都花得很值，亚马逊提供了一项有趣的统计服务。当客户在检索框内输入书名后，除了可以瞬间计算出书的段落和字数，还能通过对比分析出本书所在读者群的年龄层，对本人是否具有可读性等价值，最有趣的是还能评估出该书里的每一个字值多少美元。贝索斯说：“让客户在一种轻松、充满乐趣的氛围里购物，这就是亚马逊区别于其他企业的特点，这一功能纯粹是趣味性的，但很多客户却为此津津乐道。”

（5）礼品服务。亚马逊网站专门设有礼品页面，无论是大人或小孩，为每一位客户都准备了适合的礼物。虽然只是一些不起眼的小礼品，多为购物礼券，但却不同程度地吸引了不同年龄层的客户在亚马逊长期购物。对于这些长期用户，亚马逊也会给予最大的优惠和赠送相应礼品。

（6）对比服务。强者从不害怕与他人对比，亚马逊就是这样一个强者。当你进入亚马逊网站购物时，只要点一下“对比”这一服务选项，页面就会立刻显示出各种类似产品在其他不同类型网站的价格。你可以通过对比，自主选择到喜欢的网站去购买产品。可以说，贝索斯抓住了客户在购物时“货比三家”的心理，所以他并不介意给客户提供更广阔的购物空间，这一创新的服务模式在此之前是史无前例的。

10. 特惠价

在亚马逊网站上，几乎所有的商品，包括纸质书在内，都打了很大的折扣，贝索斯曾自称亚马逊是“全球最大的折扣商”。当然，确保每一件商品都是最平实的价格，源于少了那些中间商们的抽成。虽然，偶尔也会有几家商店的价格比亚马逊的价格便宜，但差价其实很小。对客户而言，最便宜的不一定是最好的，可以无忧无虑地购物才是他们考虑的重点。似乎每一位来亚马逊购物的客户都清楚这一点：既然已经在这里找到了自己想要的书，就不可能在其他地方再找到比现在便宜很多的同样的书了。因此，顾客们就再懒得辛辛苦苦跑去别处找了，没错，“无须再继续光顾其他店”——这是亚马逊的客户于无形中建立起来的潜意识。如今，亚马逊已经有几十万件商品，其销售额也居高不下，但贝索斯并没有放弃为客户提供更多折扣的商品，贝索斯这样说：“拒绝提供折扣优惠是一项极大的错误。大部分网络企业失败的原因，都在于错估了价值的定理。”每当有人问起贝索斯是如何攫取这么大的市场的，贝索斯总是这样回答：“在网络上‘价格’必须要有竞争力。值得庆幸的是，网络商业相较于传统商业来说是属于规模化商业，重要的特征是高额的固定成本以及低度的可变成本。”的确，始终抱以回馈新老顾客的态度，为客户源源不断地提供更多的实惠，将是亚马逊长久以来的重要战略。

11. 送货快速、及时

关于订单与送货的时间，贝索斯总结出了一个等式：找到订单上

的产品 + 装运的时间 = 送货所需的时间总额。可见，亚马逊之所以一直很受好评，与其快速、及时的送货时间有着必然联系。

第十五章　360 度客观解析互联网时代企业之“忧”

企业公关形象危机四伏

先来看几个在网络放大镜下，令人扼腕的事件。

1. 肯德基不换油事件

事件回放：

（1）2011 年 8 月 8 日肯德基被曝不换油。

（2）肯德基承认不换油，愿意积极配合一切相关询问和调查。

（3）2011 年 8 月 9 日，上海市食药监部门执法检查抽检符合国家标准，尚未发现问题。

2. 归真堂事件

事件回放：

（1）名人上书证监会。由全国政协常委冯骥才、著名歌手韩红、著名主持人崔永元等签名的《致中国证券监督管理委员会的吁请函》，由北京“它基金”送交到中国证监会。

（2）归真堂开放基地。凡中国新闻媒体、NGO 组织、意见领袖等人士，均可持有效证件于 22 日、24 日前来黑熊养殖基地，不受原公开邀请函中关于两个批次时间安排的限制。

（3）创始人后悔上市。在“反对归真堂就是反对国家”一语惊人之后，归真堂创始人邱淑花出现在央视节目中表示“如果早知道要这样搞，上市这么苦，我就绝对不上市。”

3. 圣元奶粉事件

事件回放：

（1）凤凰网、腾讯网都设立了专刊，新浪、搜狐、百度、网易论坛上的帖子满天飞，“受害人”喊着要赔偿，网民天天要说法。

（2）企业危机空前的程度绝不亚于当年的三鹿奶粉的三聚氰胺事件。

（3）早期处理：奶粉事件发生之初，圣元在其官方网站上明确表示，已经委托律师事务所准备起诉凤凰卫视和凤凰网断章取义。

本身已经遭遇质量引起的信任危机，如果还与观众心目中历来有着公正客观报道而著称的凤凰卫视打官司，无疑又陷入另一个舆论旋涡，如此下去，圣元如何再去挽回在消费者心中的高端品牌形象？

当企业公关形象危机四伏时，是否坦诚，结局大不相同。

当圣元发生“激素门”时，当务之急是澄清事实，圣元却像一个莽撞又血气方刚的年轻人，竟然在其官方网站上表示，已经委托国际和国内律师事务所准备起诉凤凰卫视，圣元指控香港凤凰卫视在断章取义。

我们可以看到，“激素门”危机发生之初，圣元的危机处理方式相当糟糕。庆幸的是，圣元迷途知返。此后，企业的危机处理手段显得越来越专业，显然背后有职业化的专业危机公关团队在帮忙出谋划策。后来，百度贴吧上出现了力挺圣元的帖子，各大论坛上的反面帖子渐渐沉底或减少。这种沉贴和删帖手法的目的是：让网民尽可能地少见或不见到关于圣元的负面信息。

8 月 15 日，圣元集团董事长张亮在其网站发布致消费者署名日期为 8 月 12 日的公开信，以下为公开原文：

“近日来，圣元产品受到质疑，怀疑含有激素成分造成婴儿性早熟，这场风波一定给您带来了很大的困扰，作为圣元公司的董事长，我在此代表圣元公司 25 000 名员工向您表示诚挚的歉意！

面对广大消费者，我作为圣元公司的董事长深感惭愧，您给予了圣元公司信任，选择了我们的产品，我们不仅仅应该给您提供优质的产品，更应该给您提供一份信心、一份安心和一份骄傲！但是，您目前得到的却是疑虑和不安。同样作为父亲，我感同身受地理解您现在的担忧，圣元公司可以为消费者解惑、奉献、牺牲，不论是为了一位还是两位，更不用说如此众多，这都是圣元应该做的！但是，面对眼前这么多父母家长消费者受到惊扰的事实，我能做的，只能表达我深挚的歉意，我惭愧！

我知道您现在最大的期望是有一个明确的结果，而不是社会上沸沸扬扬的议论。您可能也会疑惑：圣元为什么自己不将产品送到权威机构、乃至国外独立检测机构去检测，以给自己一个清白？需要说明的是，圣元自己送样品付费检测所获得的数据，只能内部使用，对外没有任何公信力。原因有两点：一是所送样品的真实身份无法证实；二是与检测机构存在付费的利益关系。圣元将自己的数据向社会公示只能受到信用的质疑，而不能证明任何其他。我还想说明的是，身为业内人士，我可以理解相关技术机构检测我们的产品会颇费周折，需要时间，但是我何尝不是同样地期盼结果！

……

今天，此刻，我恳请您用您的心去判断这场风波，恳请您以您健康可爱的宝宝为依据判断您的选择。

我现在唯一能够向您讲的，还是对不起！”

这封言辞恳切，措辞到位，并没有急于为圣元奶粉辩白，而是站在消费者的角度，理解消费者的困扰。而且，对于为何自己不将产品送往权威机构检测的理由阐述，看起来比较理智和客观，容易赢得消费者的认同。而卫生部公布“圣元奶粉导致婴儿早熟门”事件的调查结果，则进一步证明了圣元的清白。

企业发生危机后，公众最希望得到三个问题的答案“发生了什么？”“事情是怎么发生的？”“为了确保类似事件不再发生或最大限度减少事件的危害，企业将采取什么样的措施？”如果缺乏简单直白的坦诚，不把真相告诉企业，那么，往往会对企业造成很大的舆论伤害。

华为脾气火暴的老总任正非喜欢直来直去，但也带来了一些沟通不充分的不足。任正非安排任务时，语气往往是不容置疑的命令式，下面的人少有机会表达自己对其意图的理解，更是不敢“多几句嘴”以明确领导意图。

迫不得已，任正非的下属学会了“猜”的门道。不过，揣摩任正非的心思，当然也不是百发百中。新人往往会猜错，在华为工作时间长的员工，猜错的机会就少一些。

企业内部尚且如此，更何况企业与媒体。

如果单纯以强制力量阻塞新闻来源或保持沉默，企业在关键时刻集体失声，往往会给谣言的产生提供机会。而且由于企业在突发事件中的缄默，也往往会被公众扣上“不作为”的帽子。企业只有保持与媒体、公众之间畅通的沟通渠道，才会清除谣言，并掌握舆论的主动权。

蒙在鼓里的公众往往只会把焦点聚焦于探究事情的真相，只有企业把真相公开，才有可能动员公众参与到对突发事件的处理中。

态度决定命运，在很大程度上，沟通的态度决定沟通的成功率。与媒体、公众沟通，要抱有诚意，任何程度的恶意抵制、矢口否认等强硬态度只会加剧媒体对企业的狂轰滥炸，而公众也会给其戴上不诚信和推诿责任的帽子。

以真诚的态度，告诉公众，到底发生了什么，企业采取了什么样的应急措施，企业对危机的态度如何，企业还需要什么样的社会合作等，有利于企业最大限度动用资源切割危机。

前面所提起的百事可乐危机事件，它可以从险象丛生到峰回路转，显示出其高超的危机公关技巧。尽管在危机最严重时，百事可乐公司销售额下降了3%，损失约3 000万美元，但7月和8月的销售业绩甚至比同期还提高了7%。

在百事可乐危机公关中，值得一提的是百事可乐出色的危机公关团队的建立。危机已凸现，百事可乐公司在第一时间把实情毫不保留地告诉企业员工，这符合危机公关专家里杰斯提出的Tell it all（提供全部情况）。公司的消费者顾问每天都要到400家罐装现场两至三次，详尽告诉总经理和厂商危机的进展情况，并向他们进行危机公关培训，如何根据《产品污染处理指南》与消费者、媒体沟通等。

危机过后风平浪静，百事可乐依然高歌前行，但其总裁 Weatherup 的话仍然余音绕梁，值得我们深思，“首先就是坚持事实。这绝不是陈词滥调，我们对此坚信不疑。我们知道身边发生了什么，我们必须找到一种方法把事实摆出来，让人们知道。第二就是透明，对媒体敞开心胸。”

处在危机旋涡中的企业，其对突发事件处理的一举一动都是媒体和公众的焦点，有不少企业在处理突发事件时沟通不力，把小危机不断变大，直到压倒自身。这都是因为没有过媒体和公众这道坎，因此，人们也形象地把沟通称为危机中的金科玉律。

通过这几个事件，我们不难发现，互联网时代在为企业带来“惊喜”的同时，也带来了令人“忧愁”的一面，即一次舆论危机就可以击垮一个企业，摧毁一个品牌。而我国中小企业的舆情现状，或者说是舆情管理问题同样令人堪忧：

（1）决策层重视不够，组织不健全。

（2）危机意识淡薄（包括企业外部所在行业环境变化而引起的危机，以及企业自身问题的爆发或被暴露所引起的危机）。

想要化危为机，在危机面前，与公众媒体沟通时就要字斟句酌，以下是几点需要注意的。

1. 不要妄自进行缺乏根据的推测

“事件的原因或结果可能是什么？”这是大众最常提问的问题。如果手中已经掌握了确凿的资料和依据，那么谨慎地给出回答是可行的。但是，如果缺乏根据，没有十足的把握，就随便发表推论，并不明智。一旦后来的事实证明，原因或结果并非前面所做的推测，就犯了前后口径不一致的忌讳。

2. 不要中伤其他企业家或其他公司

对其他企业家或其他公司，尤其是与本公司有利害冲突的企业家或公司，不要进行恶意批评，更不要以一个爆料人或知情人的身份，向媒体公布“八卦”。

如果媒体提出来的问题，是已经被报道的企业过失，进行评论时要么转移话题要么轻描淡写；如果是媒体尚未报道的企业过失，最好不予评论。刻意中伤其他企业家或其他公司，一旦被媒体曝光，有可能会被当事人或当事企业怀恨在心。

适当地给予自己的对手一些好评，也是在公众面前塑造整个行业形象的良策。

3. 不要提供错误的数据

有些媒体喜欢提问一些数据，譬如企业的年利润，销售规模，股东资本比例等。如果发言人已经掌握了确认的数据，可以提供给媒体。如果一些数据还未确认，就不要急于公布。一旦数据公布失误，且黑纸白字地印到报纸上，再进行更正，会浪费很多精力，还会留下不诚信的污点。

4. 不要随便提供自己的手机号码

不管你与这个媒体进行了怎样滔滔不绝而又气氛融洽的长谈，也不要随便把自己的手机号码告诉对方。或许，你热情地告知对方自己的手机号码只是出于表示友好和信任。不过，一旦企业出现糟糕的状况，这个友好的媒体，就有可能坚持不懈地拨打你的电话，并抓住一切机会追问你事情的前因后果，而其他媒体也会接踵而来拨打你的电话，而他们或许也是从你那位“志同道合”的媒体口中得来的。

5. 不要说出建议媒体不要发表的那部分

如果当你说出某件事情后，再告诉媒体“最好不要将这部分发表”，那么，媒体往往会将这部分作为重点进行渲染，将你特意叮嘱不要发表的那部分公布于众。当你不愿意将这件事公布于众时，索性就不要说了。

6. 不要说“我说实话吧”

千万不要以为“我告诉实话吧”是讨好媒体的一种方式。当你说出这句话时，就是对前面所讲的话判了死刑，既然从现在开始才说实话，那么之前的就不是实话了。而且，媒体的圈子很小，企业发言人这样的言行很容易被其他媒体知道，其他媒体可能也会产生之前对你的采访，你所说的并非实话的想法。

7. 不要说“我不知道，那是我的下属做的”

“我不知道，那是我的下属做的”，这可能是一句实话，但没有人愿意因为那是你的下属做的，就会原谅你的“无辜”。如果你一再强调自己的“无辜”，会给自己扣上不负责任的帽子。明智的做法是，“对不起，尽管这是下属的错误行为，但我也有监管不力的责任，对给大家造成的负面影响表示道歉。”

8. 不要只说“我们不违法”

当企业发生危机时，不要以为抛出“我们不违法”就万事大吉了。守法只是企业经营中遵守的社会规范，是不能触碰的底线。作为一个负责任的企业，企业行为应在法律规定之上。而且，法律也不是尽善尽美，也有空子可钻。

与其喋喋不休地一再强调企业“不违法”，不如告诉公众企业做出了哪些努力。

三鹿事件：失败的危机公关导致集团破产

如果说定位是品牌的根基，那么推广则是品牌的延伸。在这个高速信息化时代，网络营销成了新的制胜之道。然而，说到失败的网络舆论危机公关，就不得不提三鹿事件：

这家成立于1956年的企业，2005—2007年分别被评选为“中国500个最具价值品牌之一”“中国顶尖企业百强”“乳品行业第一位”“最具市场竞争力品牌”。直到2008年9月11日，卫生部在网站挂出消息提醒人们停止实用三鹿奶粉，预示着危机彻底爆发。关于三鹿毒奶粉的网络舆论硝烟四起。

2009年2月12日，一份由石家庄市中级人民法院发出的民事裁定书宣布：石家庄市三鹿集团股份有限企业破产——被告人田文华犯生产、销售伪劣产品罪，判处无期徒刑，剥夺政治权利终身。

如今的三鹿，已被三元收购。

随着三鹿事件逐渐被网友和媒体曝光，在问责的同时，人们不禁感叹互联网超强的影响力和传播力。作为消费者或许应该庆幸，在网络的放大镜下，那些忽略品质牟取暴利的企业不得不提心吊胆、有所收敛；而作为企业，也不得不为网络营销的可怕感到胆战心惊。炒作、口碑、人肉搜索、网络推手……每一个网络新词的背后都是人们对正义之声的呼唤，这也是互联网时代企业之“忧”带来的后遗症——昔日再风光无限、再强大的品牌，一步走错就可能满盘皆输！

为了研究网络舆论危机对品牌的“杀伤力”，本书截取了2008年1月中国互联网络发展状况统计报告中的一组调研数据——

1.三鹿事件爆发当天便上升为被搜索最多的关键词

图15-1是从谷歌关键词热榜中截取的数据，从中可以看出中国网民对三鹿事件的关注度极高。

今日上升最快Top50

排名	关键词	今日搜索	相关链接
1	三鹿奶粉肾结石	4672	新闻 贴吧 图片
2	取消教师节的10个理由	1912	新闻 贴吧 知道
3	网吧不雅睡姿	1337	新闻 图片 视频
4	I1驾照考试	1311	新闻 图片 视频
5	布嘉迪威航	1157	新闻 贴吧 图片
6	人立方搜索	1104	新闻 图片 知道
7	溏心风暴家好月圆32	1182	贴吧 图片 视频
8	我的丑娘电视剧全集	1066	贴吧 图片 视频
9	死神188	1012	贴吧 图片 视频
10	2008年9月11日地震	997	新闻 贴吧 图片

更多▸

图15-1

在当日百度搜索风云榜里，与三鹿事件相关的关键词搜索量同样霸占着整个榜单（见图 15-2）。

上升最快相关检索词

在选定时间范围，用户关注度环比上升最快的相关检索词

2008 年 9 月 12 日

上升最快相关检索词 ?

1	三鹿奶粉三聚氰胺…	大于 600%
2	三鹿奶粉事件的启示	大于 600%
3	三鹿事件	大于 600%
4	三鹿奶粉广告	大于 600%
5	三鹿奶粉事件的影响	大于 600%
6	三鹿毒奶粉	大于 600%
7	三鹿奶粉事件简介	大于 600%
8	三鹿集团	352%
9	田文华	311%
10	三鹿奶粉事件	184%

图 15-2

2. 三鹿事件蔓延趋势分析

图 15-3 反映了事件曝光 1 周内，三鹿事件的用户关注度同期增长了 257%，网络媒体关注度以 858% 的幅度上升。这说明网络媒体使得三鹿事件的发展与扩散加速了，影响力进一步加剧。

时间范围	用户关注度	媒体关注度
今日	8 087	732
1 周	1 522 ↑ +257%	111 ↑ +858%
1 个月	627 ↑ +94%	34 ↑ +74%
1 季度	426 ↑ +25%	26 ↓ −48%

注：1 周、1 个月、1 季度系均值

图 15-3

3. 三鹿事件关注度的数据分布

图 15-4 显示，北京地区的网络用户对此事件的关注度最高，当然这与北京是网络媒体运营商的聚集地有关；河北由于是该事件的爆发地，因此同样受到关注；江苏是三鹿事件后出现首例病例的省份。

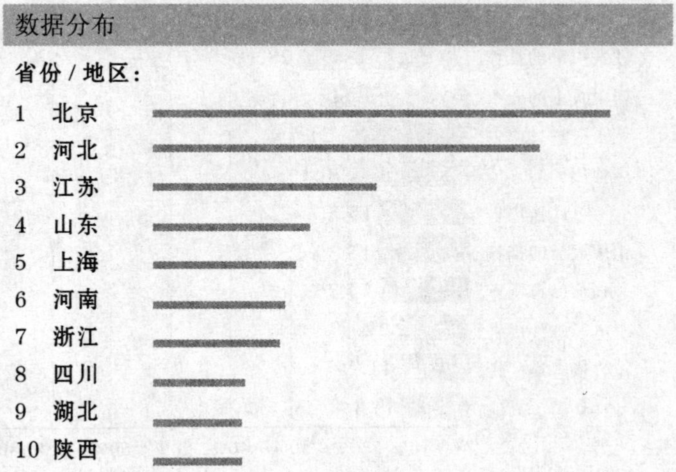

图 15-4

4. 三鹿事件爆发后，来自网民的声音

一份来自艾瑞咨询 2007 年网络社区行业研究报告（见图 15-5）显示，影响网民购买的行为因素主来自博客、论坛中的晕轮导向，这里的网民观点通常是网络口碑营销的发源地。而这一事件的影响对岌岌可危的三鹿而言无疑又是致命一击。

影响社区网民购买行为因素

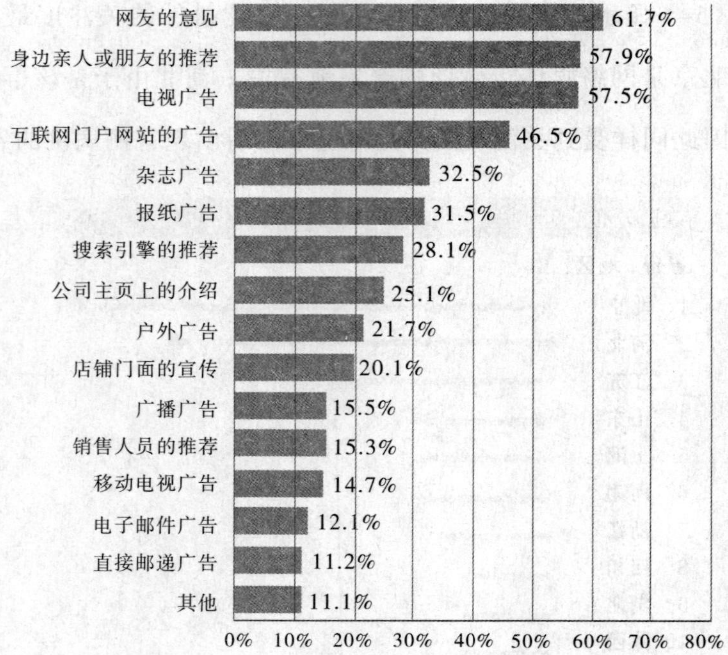

图 15-5

5. 门户网站大肆宣传报道加速三鹿事件蔓延

三鹿事件发生后，以新浪网为代表的中国三大门户网站纷纷以“三鹿事件”为专题报道向全国网民曝光此事，并各自以不同的角度、立场，向网民提问以探求网民对事件真相的解读。新浪网对用户调查的结果数据显示，将近 80% 的用户不再信任三鹿品牌；同时有高达 90% 的用户表示不会再购买三鹿牌的产品（见图 15-6）。

sina新浪

问题奶粉疑致多名婴儿患肾结石？
共有 154081 人参加

你是否信任事件相关品牌奶粉质量？			
	选项	比例	票数
1	不信任	79.98%	123 205
2	不好说	10.2%	15 712
3	信任	9.83	15 140

你是否还会购买事件相关品牌奶粉？			
	选项	比例	票数
1	不买	92.47%	142 478
2	买	3.85%	5 927
3	不好说	3.67%	5 655

你认为生产厂商是否应该赔偿？			
	选项	比例	票数
1	应该	96.42%	148 569
2	不好说	2.61%	4 029
3	不应该	0.95%	1 466

请您刷新以获得最新的统计结果！

图 15-6

三鹿事件本身并不是一个典型的网络口碑营销事件，只是，三鹿万万没想到网络舆论的影响力如此之大，才导致企业公关部采取自欺欺人式的公关手段妄图平息事件，这使越来越成熟的网民感到愤慨和不解，此事件也逐渐演变为反网络口碑营销的大战。从三鹿官网被黑，到公关企业被曝光，再到三鹿负责人被人肉搜索，显然，网络的力量已经不可能再纵容三鹿这种恶劣的品牌和做法。

在现实中，还有很多类似三鹿事件的企业，他们在网络危机公关和危机处理方面存在共同的问题。

1. 一拖再拖

三鹿或许以为时间会平息一切，只可惜在事件没有得到令公众满意的结果之前，一拖再拖无疑是搬起石头砸自己的脚。

2. 没有健全的网络舆论危机解决机制

三鹿企业的规模毋庸置疑，正因如此在流程管理上存在很多漏洞，而这些蛛丝马迹在网络危机公关处理时一一表现出来。

3. 扯皮现象严重

每个企业在危机面前的第一反应就是推卸责任，目的是维护企业的利益。但实际上主动承认比到最后被迫承认要好一万倍。

4. 对外言论口径不一

三鹿面对突如其来的暴风雨，企业负责人之间来回扯皮，互相推诿，似乎每个人都有充分的理由，只是他们忘了，如果每个人对外说法不一，公众到底该相信谁？

回顾三鹿事件，抛开品牌自身的问题和企业责任，不得不说三鹿的舆论危机风波要“归功于”强大的网络。三鹿大厦之所以倒塌，很大一部分原因是因为没有在关键时刻转危为机。

1. 速度（Speed）第一

网络最大的特征就是传播迅速，如果一个品牌爆发舆论危机，企业要做的就是在24小时内做出行动，否则品牌负面消息的传播速度之快，恐怕连商家自己也不堪面对。谨记速度第一的原则，在谣言还没有漫天飞舞之前，第一时间站出来在众论纷纷时付诸行动。

2. 系统（System）运行

为了暴露流程管理中的弊端，企业要秉持系统运行的原则。譬如第一时间在网络媒体上发布事实真相，要注意宣扬企业的责任心、态度和行动。至于企业内部的问责及如何承担，要保证专人专项负责，而不是众口不一。同时，将事情处理的经过、细节、结果第一时间通过网络公布，这样才能化解危机，变成企业的契机。在这一过程中，每个人的分工要明确，除了专人处理、监督外，企业内部不能乱成一团，要保持正常工作，不要在危机尚未解除前自乱阵脚。

3. 权威（standard）证实

网络舆论危机爆发之后，公众最大的反应就是对该品牌失去了长久以来的信任，这时重建信任就需要寻找权威的力量。不管是企业对弥补危机做出的努力，还是企业提交的监督数据和宣传文章，最好都交给权威的部门去发布，并请有发言权和一定地位的第三者替你说话，以挽回公众的信任。否则，一个已经失去信任的企业再怎么自圆其说也只能是一厢情愿的独角戏罢了。

总之，网络既能让一个品牌在一夜之间爆红，也能让一个企业瞬间倒塌。我们要做的，就是防患未然，利用网络化危为机，不要让自己轻易陷入网络危机事件中，成为等待公众审判的囚徒！

反思：我们该如何利用网络“赢”销

传播学家麦克鲁汉告诉我们，“媒介是人的延伸”。工业社会的号角渐行渐远，信息社会的旋律已迫不及待在喧嚣的时代回旋，媒体开始一步步走上王者的宝座，媒体已向四面八方伸出触角，构成一张疏而不漏的巨网。

这就是网络的力量，网络不是某一家利益集团创办的，任何利益集团也无法掌控所有的媒体。在网络面前，你的名字是弱者，即使你富可敌国、身价百万，企业也不例外。作为弱者，要学会在强势群体的夹缝中游走，这才是真正的危机公关之道。

对于企业，当危机来临时，往往不能绕网络而行，网络媒体在其中的作用举重若轻。作为政府的喉舌和公众的传声筒，中国的网络媒体往往具有更强的公信力。尽管随着人们理性水平的不断提高，对网络媒体的崇拜有所降温，但企业与公众信息的不对称性，使得公众对外界信息的获知渠道仍然依赖网络媒体，网络媒体仍然具有很强的话语权。

危机压阵，而企业又身处网络媒体水泄不通的包围中，想要对网络媒体敬而远之几近是天方夜谭。因此，如何恰如其分地处理公众与网络媒体的关系，成为企业进行舆论博弈的头等要务。

企业要借势网络媒体，首先要对网络媒体形成正确定位。

有不少企业对网络媒体深恶痛绝，认为网络媒体是不折不扣的墙头草：企业顺风顺水时，是溢美之词，为企业锦上添花；企业一旦出现危机，则见风使舵，群起而攻之，置企业于舆论的风口浪尖，与原来的高调颂扬“判若两人”，甚至某些企业的险情就是网络媒体“捅了马蜂窝”，如南京冠生园的陈陷月饼、欧典的国际玩笑等，都是网络媒体“慧眼识危”，真相最终大白天下。因而，企业对网络媒体爱恨交织，爱的是在企业蒸蒸日上时，可以为企业镀金镀银，使其光彩照人，品牌的知名度和信誉度大大提高；恨的是，纵使山珍海味也喂不熟这只“白眼狼”，企业出现问题，寻根究底，更有甚者还好子虚乌有、以讹传讹，星星之火变燎原之势。

识时务者为俊杰，在瞬息万变的社会环境中，网络媒体也不可能一条巷子走到黑，时代在变化，他们的舞步也要根据时代的节拍而有所调整，这既是企业的生存法则，也是网络媒体的存在依据。网络媒体的职责是帮助公众了解社会环境变化的信息，以客观事实为基准，他们根据多方收集的信息，对外发布报道，从而成为公众获得信息的独立、客观来源，所以，网络媒体是客观事实的反映。当客观事实发生变化时，他们自然会扭转风向，重新审视客观事实。当然，客观事实与对客观事实的反映往往不能重叠，事实与反映之间总会出现一定的偏差。基于上述因素，网络媒体报道企业危机事件有以下特点：新闻报道贵在及时性，时间的仓促难免使报道不够全面，一叶障目甚至指鹿为马；网络媒体由于不准确的语言描述，与企业想要表达的内容背道而驰；网络媒体不是企业的后花园，他们有自己的分析角度，其宣传主题与分析重点也可能与企业的表达意愿相左。

无论面对的是传统网络媒体还是网络媒体，需要坚持以下几个原则。

1. 洁身自好，做一个有责任的企业家和企业

站在“钱堆”上的企业家，不要被财富的膨胀模糊了企业家应该有的道德与法律底线。

财富的膨胀让不少企业家成为名副其实的“大地主”，“办了他”、“收拾他”、“不就几个钱的事嘛”，此类匪气、霸气十足的话语成了口头禅。在法律日趋规范的时代，动物丛林法则偏离人性的轨道，势必被历史淘汰。而企业家在财富的熏陶下，逆势而行，谨慎的商人开始蔑视法律，不思悔改，唯我独尊，认为自己可以凌驾于法律之上，这是最大的危机。他们反而自鸣得意，自以为得了企业制胜的不二法门，在必要的时候会用铤而走险的方式，等待他们的是徐徐打开的地狱之门。

2. 作为企业，要明白自己的社会价值何在

在这个大企业谈战略、小企业谈战术的疯狂年代，战略也罢，战术也罢，都与社会的互动血脉相连。网络媒体、政府、消费者，哪一个都是社会中的一分子，而企业更是社会中必不可少的一环。企业如何生存于其中，企业又如何发展于其中，回答这个问题不可能脱离社会进行思考。因此，经营要想进入良性状态，要以社会责任感为先导，让企业责任感成为企业的理念常青树。

提高企业的社会责任感，要以公众利益为先。企业追求利润无可厚非，但君子爱财取之有道，透支环境、社会资源、消费者个体利益的企业必将受到惩罚，成为人民公敌。当公众举起愤怒的拳头，企业

很难有招架之力，生存都是悬念，枉论发展。

每个成功的企业背后，都站着一大批支持它的公众，这是对企业社会责任感最好的诠释。无数成功的案例已证明这法则的有效性：松下电器的使命是“为了使人们的生活变得更加丰富、更加舒适，并为了世界文化的发展做出贡献”；强生企业的使命是“一切为了摇篮”；迪斯尼企业的使命是“给千万人带来快乐”……

如果缺乏责任感，即使度过一次舆论危机，一定还会面临接踵而至的其他危机。正如 2004 年发生的安徽阜阳大头娃娃“空心奶粉”事件，面对网络媒体铺天盖地的报道，三鹿却迅速将危机化解于无形之中，显然那次危机是被公关的成功。可到了 2008 年，三聚氰胺事发，三鹿终究没有逃脱死亡的命运。究其原因，就是没有搞清楚奶业企业自身真正的社会价值是什么，应该是致力于为更多的婴幼儿提供健康营养的奶粉。如果是一个缺乏社会责任感的企业，即使躲得过“初一”，也逃不过“十五”，终究还会被市场和消费者所抛弃。

如果一家企业始终视社会价值于不顾，只在事实层面上处理危机，头痛医头，脚痛医脚，运用一些公关技巧化解眼前的危机，试问，这样的企业还能走多远？

3. 做好舆论危机预防工作

“木秀于林，风必摧之；堆出于岸，流必湍之；行高于人，众必非之。”嫉妒、仇富心态风行千古，至今仍然鲜活如初。这些偷窥者觊觎着、等待着，只要企业一有风吹草动，他们就会兴风作浪，搞些创意和策划，甚至以威胁、暴力相逼。树欲静而风不止，好事者的浑水可能搅乱一池春水，简单地以打、压等方式对付这些危机甚至铤而走险，无疑是饮鸩止渴，如此一来，阴沟里翻船的概率非常大。

树越大，风越大。初出茅庐时，船小好掉头，危机对企业的冲击面也小。一旦成了财富领头羊，就会发现丛林中已危机暗涌，但不少企业家忙于攻城略地，顾不得念念危机经。企业在发展，而危机防御机制却停滞不前，滞后的危机防御机制迟早会成为企业发展的短板，给企业、企业家带来致命一击。

华为老总任正非有着深深的企业发展忧患意识，“冬天一定会来，谁有棉衣，谁就能活下来。”德国奔驰企业董事长埃沙德路透的办公室里挂着一幅巨大的恐龙照片，照片下写着：“在地球上消失了的、不会适应变化的庞然大物比比皆是。”危机如影相随，未雨绸缪，有效预防危机，危机绕道而行，企业即可逃过一劫，避免危机带来的损失。

在危机还未破土而出时将其扼杀，是经济学上的完全理性行为，利益至上的企业不会不谙此道。但是，很多企业危机昭昭时，方才恍然大悟，付出比扼杀危机萌芽更大的代价来抑制危机的蔓延。况且，并不是所有的危机都可以迎刃而解，正如并不是所有的死亡都可以挽救，对于病入膏肓者，纵使华佗再世，也难以妙手回春。

在蚂蚁王国里，总存在不少看似无所事事的懒蚂蚁，它们不运粮不垒窝，四处游荡，俨然一副“剥削阶级”的姿态。事实上并非如此，科学家经过观察研究发现，这些所谓的懒蚂蚁有不少担负着“危机雷达”的重大责任，正是由于它们的存在，蚁群的危险预警和窝工才得以解决。对于一个企业，险象环生，“懒蚂蚁”必不可少。对于企业来讲，如果没有“懒蚂蚁”，缺乏危机意识，仅凭借危机发生进行危机公关，效果往往不尽如人意，谁都懂“防患于未然”优于“亡羊补牢”的道理。而超前的、准确的、敏锐的危机忧患意识才是最稳定的安全阀。

舆论危机预防是企业构筑的第一道防线，它需要强有力的危机预防机制：睁开第三只眼睛，时时刻刻关注企业的薄弱环节，企业的薄弱处往往是危机攻入的突破口；危机模拟试验中，人在熟悉的环境中往往比一脚踏入陌生的世界更能游刃有余，排练的次数多了，对危机的敏感度也会提高，往往更能嗅到危机的苗头。

4. 真诚沟通是不二法门

企业在态度上不要抱侥幸心理，以为用暧昧的态度，甚至强硬的态度就能搪塞过去。公众日趋理性，危机发生后，他们也有一个心理缓冲期，等待企业的表态，如是否低姿态承认错误、是否愿意承担责任、是否愿意改进等，然后再决定是投下声讨的炸弹还是给予谅解的掌声。在很大程度上，态度决定危机公关的成败。

当企业跨入危机门，企业如履薄冰，消费者如惊弓之鸟，而网络媒体也把镁光灯的焦点打向了企业，无论是消费者还是网络媒体，他们都无一例外地渴望事实水落石出，解释真相是当务之急。

企业一旦出现危机，必须“说真话，在第一时间说真话”，借助报纸、广播、电视、互联网甚至手机等网络媒体，积极沟通，不给谣言留下滋生、膨胀的空间。

遇到危机时，你不可以改变事实，但可以改变公众对你的看法。而改变看法，真诚沟通是不二法门。敞开企业的大门，让内部惊惶不安的职工、外部疑团重重的公众及提高警觉的政府看到危机背后的真相。告诉他们，事实并不像他们所想象的那样，从而实现更好的危机公关资源整合。

5. 有效控制信息传播的速度

对信息传播的有效控制要快。兵贵神速，每一秒都是争夺战，对信息传播的控制越及时，信息的传播导向就越对企业有利，企业也往往更能掌握主动权。

第十六章　利用网络营销解除舆论危机才是制胜之道

舆论危机发生的本质

简单地说，舆论危机发生的基本原因有以下几种：

A. 政府职能部门信息披露

B. 媒体利益诉求

C. 竞争对手

D. 内部管理

E. 消费者投诉

正因如此，我们更要做好舆情监控，第一时间发现负面信息，就启动应对措施或应急预案，及时了解民众对于某事件、人物或部门的意见，发现通过正规渠道难以上报的信息，以辅助制定正确的决策。及时了解当前网民的关心热点话题、看法、建议，体察民情，“居安思危，思则有备，备则无患”。

那么，舆情监控的原则是什么？早期发现、正确研判并妥善处理。具体体现在以下几点。

1. 监视

了解行业相关动态；了解企业与产品的相关信息；了解竞争对手

的相关动态。

2009年9月，网络上疯狂转载名为《可口可乐申请破产保护》帖子的一段内容：一代饮料巨人终于轰然倒下！可口可乐宣布由于不堪长期以来的亏损，导致无法偿还挤压的债务而申请破产保护。同一时间，可口可乐将关闭美国的工厂，并且逐步退出饮料市场。

这个帖子说得有鼻子有眼，有不少网友相信。以至于可口可乐不得不在中国的官方网站上正儿八经地发表声明，称“此项言论是一个完全荒谬并错误的谣言。任何了解可口可乐企业财务业绩的人都知道，可口可乐企业财务状况非常稳健。在中国，我们的业务在过去连续五年内实现双位数的增长。”

《追忆似水年华》中有句话：“当现实折过来严丝合缝地贴在我们长期的梦想上时，它盖住了梦想。”社会舆论世景变迁，幅度之大，超出我们的想象。网络的影响力和传播力日益剧增。一篇小博文或者论坛上寥寥百字的发帖文章，可以让企业风头大出，也可能置企业于死地。

舆论尤其是社会化媒体的自由性与传递信息的便捷性，给企业带来了空前的舆论挑战。这些看似轻飘飘的技术符号，让中国和世界脱离了飞鸽传书、信差送信的历史，也使得企业的舆论环境充满了易变性和高风险。

李普曼提出，“尽管公民自由至关重要，却不能保证现代世界的公众舆论，因为人们认为真相要么是自发性的，要么只有在排除了外部干扰的情况下才能找到获取真相的方式。然而，在面对一个无形世界时，这种假设是错误的。关于遥远或复杂事态的真相并非不言而喻，监视行业动态、搜集信息的方法是一种专业，而且代价高昂。”

2. 控制、引导

及时处理负面信息；正确掌握行业动态；发挥正面信息的推动作用。

发达的媒介传播，源源不断地通过各种途径传播信息，这些信息的发布者，有传统意义上的作者，也有传统意义上的读者，信息的内容，有事实，也有虚构以及介于事实与虚构之间的模棱两可。此时，人们通过网络看到的世界不再是真实影像，而是由内心感觉传递的虚拟环境。人们越来越对虚拟环境形成依赖性，各种集体狂欢和门户偏见也伴随而生。然而，令人担忧的是，人们去伪存真的能力正在弱化，难以从塞满广告、错误等信息中挑选出真相。

与专业新闻记者相比，可以自由通过微博、论坛、博客以及评论发表消息的普通公众，是缺乏理性约束的市民记者，即使他发布的信息与真相截然相反，添油加醋到令人大跌眼镜的地步，也很少被归为“诽谤罪”之列。而且，网络特有的匿名性，意味着每个人都能戴着面具说话。在网民面前，发言者以一个历经沧桑、语气老态又无所不知的老者形象出现，而面具背后，可能是一张稚嫩的面孔。

游离于“诽谤罪”之外，不必自报家门的匿名性，不断吞噬网民的道德底线。为利益驱使，他们可能会出卖某些企业或企业家不为所知的商业秘密；为民族主义驱动，他们可能会群起，攻击某个企业由于向国外企业出售民族品牌，是彻头彻尾的“卖国贼”；为天然的弱势心态左右，当消费者与企业出现利益纠葛时，会不分青红皂白地将矛头指向企业……

新浪先后多次遭受“新浪是日本企业”谣言的困扰。

2000年年初，因新浪的发音与日语中“支那”一词相近。有些人认为，这是对中国带有侮辱性的称呼，只有日本人的网站才会出现。事实上，sina为新浪前身之一——华渊资讯企业英文名，sina是印度语中的“中国”之意，中英文结合则为“一个不断创新的为全体华人服务的网上世界”。

2003年年末到2004年年初，有人称在新浪上找不到日本人在珠海买春和“七七事变”的消息，人们不断掀起“新浪是日本人的企业，不要登录新浪网”的网络呼吁。甚至连记者报道新浪新闻也被质疑，“你为什么要报道新浪新闻？那是一家日资企业，连名字都是辱华的，而且其从来不报道有关日本的任何负面新闻”。

新浪总编辑陈彤不得一次又一次澄清新浪的“清白”：新浪从四通利方时代的历史就是明明白白的。你可以看到，现在全球公开的新浪股东名单中，没有一个股东是日资的。以前关于新浪是日资企业的所有传言，都不符合事实。其中一些传言不仅严重失实，而且可以说是非常恶毒的。这些传言和谣言，使我们的企业受到了极大的伤害，这个损失是无法估算的。

《连线》(Wired)杂志创始人凯文·凯利的话意味深长，“网络在哪里出现，哪里就会出现对人类控制的反抗者。网络符号象征着心智的迷茫，生命的纠结，以及追求个性的群氓”。的确，在这个时代，企业会遇到更多的虚拟群氓，有的时候即便是白的，也会被说成“证据确凿”的黑的。

网络舆情监控让你有备无患

2012年3月12日，新华社发文称“汉宜高铁疑似坍塌”，并立刻引发社会各界的强烈关注。2012年3月13日新华网与《湖北日报》分别发布了立场迥然不同的两篇报道，民众评论褒贬不一，但大部分人都开始相信：汉宜高铁肯定是出“鬼”了。

面对这样的舆情，部门领导虽立场坚定，回应还算及时，但仔细分析未免有些欠妥，粗糙、含糊其辞的回应让百姓在茶余饭后有了更多联想的空间。这样的应对方式显得有关部门颇为“业余”，导致官方陷入被动地位。且不论回应的方式是否科学，相关部门领导对舆情应对失控、畏首畏尾，不仅缺乏引导大众舆论态度的意识和能力，也缺乏与人们主动沟通的意识，以致是“事后诸葛亮”也只会陷入更大的旋涡中难以平息。

相关领导很不解，为何官方越是努力澄清事实，真相却变得越加模糊？如果相关部门能早些做好网络舆情监控工作，或许危机来临时就能有备无患。

随着社会经济的发展，网络、媒体业的飞速前进，相关部门想要对一些舆情遮遮掩掩显然不太可能，无论好坏，现实都在一次次为企业人部敲响警钟：舆情多变复杂，缺乏对舆情管理的意识和能力，只会让管理工作处于“抓瞎”的状态。

那么，企业人应怎样处置舆情才能不“抓瞎”？

1. 舆情扩散后，企业人应秉持“引导”而非“压制”的原则

尤其是负面的舆情发生后，若能利用好时机，积极做出正确的回应（回应言辞不应偏激或观点一边倒），反而能有效帮助企业维护良好形象。反之则可能使形象毁于一旦甚至影响企业的公信力。如果企业人只是一味地想办法压制某一舆情的蔓延，无异于粗暴的管理，起不到引导作用，更难以让群众信服。舆情磁场由弱到强后，即便压制也会井喷，本是一条再低调不过的消息，最终却成了人们口中振振有词的政治热点。

2. 企业人应树立“开放”“开明”的理念，这也是驾驭品牌的体现和要求

作为企业人，不应刻意回避舆情，应主动将真实舆情通过网络化、多元化的途径传递给大众。打破不愿面对的思想束缚和顾虑，站在科学发展的立场自觉地敞开胸怀，用更开明的姿态去面对大众。

管理舆情不是要关闭“大门”，而是要打开“窗户”，舆情中所涉及的与企业或相关部门的各项工作，都应按照规定，最大限度公开最权威的消息。这些消息不应只有企业的成就，还包括出现的失误，这样才能取信于民，顺应时代的发展需求。

3. 企业人应树立“实事求是”的精神，找出“短板”，推动工作

当今社会，有很多企业人因为“祸从口出”而吃闷亏，从表象来看是不善于“演讲”，实则是舆情管理能力不强，说到底就是工作不

“务实”，方法不对路，效果不理想，这也是领导者管理中的“短板”。离开了实际工作空谈舆情管理只会事倍功半、本末倒置。与其想破头去应对外界，不如脚踏实地做好本职工作，实事求是，切实解决问题。问题解决了，就总有拨云见日，与群众和谐共享太平盛世的一天。

4. 企业人应主动出面和大众沟通

前提是企业人要放下头顶的光环，淡化企业家意识，多深入基层体察民情，掌握真实动态，从而使引导工作有理有据，真实可信。至于沟通的方法则应因人而异、因地制宜，可以深入群众做民意调查，也可以到基层发布研讨会，等等。沟通是一种“处”的智慧，而舆情是社会的一部分，学会与社会相处，才能把握舆情的脉搏，深入管理。

总之，企业人当务之急就是要提升自己的网络舆情管理水平，心中有数才不会临时“抓瞎”，也才有能力和资格进一步引导舆情，创造和谐品牌应有的内涵。

新式网络营销模式尽早知道

由网络衍生的新式网络营销方式有很多种，近年来最受人们欢迎、效果最好的是微博营销和微信营销两种。

微博营销，是指通过微博平台为商家或个人创造价值的一种营销方式。微博营销最注重的是价值的传递和内容的互动，也正是因为这两点，才使得微博火热发展，并且营销效果显著。

“发条微博，获奖10万元，创意10字内广告语，赢10万元大奖。”上好便利店在其官方微博上发布了这么一条活动信息。而这条微博由于其天价奖金，被人们称作一字万金也不为过。该微博一经发布就引起了广泛的关注，无数网友纷纷出谋划策，为企业创意广告语，仅仅数日时间，企业就收到了数以万计的创意。而这次微博营销，从奖金发放到微博运营，总花费不超过12万元，相较以前的电视宣传是小成本营销。但是效果却出奇的好——微博粉丝数量从一个月前的不到一百人，暴增到近10万人，国内媒体也竞相报道。现在，“上好便利店”在微博上的粉丝已经有110 882人，并且还在呈上升趋势。

这条微博也成为微博营销的一个成功典范。正因为其短短的十几个字，就引燃全国网友的热情，这条微博不仅使得上好便利店在东莞本土的地位更加稳定，也让上好便利店这一品牌在全国范围内打响，得到了良好的传播，也让“史上最贵微博”成为企业微博营销历史上的著名案例。

微博营销如此疯狂，不管是企业还是顾客，都逐渐爱上了这种营销、购买的方式，甚至可以说是“集万千宠爱于一身”，这自然是有其形成和发展的原因的。

1. 微博营销是以人为本的

以客户为中心的理论在哪里都是正确的，尤其是在客户群无比庞大的网络平台上。微博营销属于主动式服务营销，非常看重对于客户的服务。微博营销的人本理念，也让微博营销在朝着人性化、精准化不断发展完善。

2. 微博营销注重互动和情感的建立

企业可以与顾客进行互动，并逐步建立情感关系。这种感情关系看似薄弱，但在很多时候是促成消费的关键所在。贴心的互动，可以让客户有更好的消费体验，从而形成满意的消费经历，这种满意的消费反馈，能让企业的品牌价值进一步确立。

与微博相当的是，微信的普及率也一直保持很高水平，并且速度一直在加快，这个跨平台应用的优质软件，几乎可以被所有手机操作系统使用，极大地方便了用户，由此说明，操作越便捷的产品，越会受到欢迎，微信中内容并不多，却可以满足用户对通信、信息发布、交友等需求，可见，越贴近生活的产品越受到欢迎。

微信不仅在国内大受关注，也吸引了海外体验者的注意，当客户觉得用着顺手的时候，产品会得到广泛运用。

在微信发布前，也出现过很多交流软件，但都没能“家喻户晓”，这款功能全面却不用花费很多流量的软件，不仅带给用户新鲜感，还带领他们进入“沟通心领域”，同时，随着用户数量的增长，企业还将获得更多利益。

为什么微信可以在短时间里获得大众一致好评呢？原因可以归结为以下几点。

1. 首先，微信做到了“精准定位”，这是建立在多年产品经验之上的

作为该产品的“灵魂人物”，张小龙先生有十多年的互联网产品经验，他一直致力于用简单的规划构造复杂世界，对于微信的精准定位，成为其成功的首要条件，微信给谁用？他们的需求是什么？有无操作上的“习惯”，将各种问题都深思熟虑后的张小龙，才开始着手做。

2. 懂得产品的内涵，甚至可以预计客户的感受

虽然外界对腾讯的评价是“一直在模仿”，但是它“从未被超越”，在模仿其他产品的时候，微信一直保持“本土化”，并且做到一定程度的创新，做好“投入”是微信得以发展的重要因素，在 2.0 版本发布前后，阅读空间项目组成员全部加入到微信团队来，至此，微信研发团队人数上升到 200 人，这么大的规模，是行业内为数不多的。

玩转网站打造网络营销联盟

20 世纪 90 年代以来，随着计算机通信技术在全球范围内的飞速发展和融合，以及网络的迅速普及应用，人类社会终于跨入了一个和以前都不相同的网络经济信息时代。网络经济时代的到来，标志着全新的网上虚拟市场和商业社会的形成。传统的市场营销模式受到了前所未有的冲击，市场营销模式在发生着巨大而深刻的变化。这就是以 Internet 为依托的网络营销。网络商业社会具有全球性、数字化、跨地域、跨种族和文化等特征，这也是网络营销的优势所在。企业利用互联网进行营销活动有各种与时俱进不断更新的手段，但是企业的网站就是网络营销的根据地。因此如何使用户搜索到网站也是企业网站面临的最主要问题。

要想玩转网站，让网络服务于品牌推广，打造营销联盟，关键就要靠搜索引擎排名制动网站营销。

现在中国企业法人单位共有302.6万个（不含2 377万个个体工商户），在众多企业法人单位，中小企业占全部企业的99%以上。据统计，中国国内生产总值的50%、出口总量的60%、税收的43%是由中小企业贡献的。因此，许多中小企业谋求发展，选择了网络营销这一阵地，通过网上经营来扩展自己的宣传渠道。而许多企业已经在行业信息平台和商务平台进行了充分地宣传和营销，但是企业的网站访问量仍非常小，给企业带来的实际经济效应也极其有限，其中网站在搜索引擎上的排名不高是一个非常大的原因。企业在进行网络营销时，对搜索引擎排名重视不够，或者只是在搜索引擎上进行了普通型登陆，这就导致了企业网站根本乏人问津。市场调查显示，87%的中国网民通过搜索查询品牌的有关资讯，85%的访问者会在搜索引擎的第一页(前10名)选择自己所需要的网站，62%的搜索引擎用户从来不看前十项以外的搜索结果，90%的搜索引擎用户从来不看前30项以外的搜索结果，当企业的网站排列在关键词搜索结果的第三页(前30名)之后，被访问的机会不超过4%。

这就决定了很多网站的访问量是被搜索引擎制衡的。搜索引擎的排列方式主要有搜索引擎营销和自然排名。自然排名又有通过搜索引擎优化提高自然排名的方法。而搜索引擎营销则有两种主要形式。

1. 固定排名

固定排名搜索，是指在用户进行关键词搜索时，广告客户的网站将出现在关键词搜索结果页面中的固定位置（名次），并按照预先确定的价格支付广告费。

2. 竞价排名

竞价排名搜索，是记录下有效点击次数，并以点击次数为收费依据，也就是按效果付费。

两种方式中，竞价排名更加受到企业的认可。

如何利用搜索引擎加强品牌建设与推广？

搜索引擎营销不仅影响了企业网站的访问量，给企业带来实实在在的网站访问和订单，也影响了企业对品牌的建设和口碑营销。在关于互联网搜索引擎的一项研究中，有一个观点被问及是否认可：

"当我看到某个企业出现在搜索结果的最前面时，我会相信它是其所在领域内的翘楚"。

认可这个观点的网友比例达到了36%，这充分证明了搜索引擎的可见度对企业在行业内的品牌建设的巨大影响。这很可能导致一个结果：企业计划进行网络营销，并且投入大量资金建设和经营企业网站，但是企业没有在搜索引擎排名上投入足够的人力物力，所以无法发挥企业网站的营销作用。即使企业网站设计得非常完美，网站的营销功能也非常齐备，但就是不能顺利成为企业的营销渠道。因此许多企业达成了一项共识，在目前的网络经济环境下，搜索引擎营销最主要的目标就是达成品牌认知。越大型的企业就越重视搜索引擎的品牌推广价值。

搜索引擎是网民寻找企业和产品信息的工具，当企业拥有自己的营销网站时，搜索引擎在企业开拓市场时起着引导性的作用。客户在网络搜索关于产品和品牌信息的时候，是想要知道自己想要找的产品，在市场有哪些，价格如何，哪个适合顾客自身，哪个产品的口碑比较好等。搜索引擎在此时为用户提供了信息服务，覆盖的越多越靠前的产品信息，用户会觉得该产品的权威性和质量更好。因此在互联网上覆盖率越高的企业品牌，被用户关注和认可，最终购买的概率就越高。

用搜索引擎的概念来表达建立品牌，“建立品牌意味着企业在建立网站时揣摩用户需求，利用选择精确特殊的关键字而使自己的网站更容易被用户找到（并拥有较高的排名）。”

企业的网站流量从哪里来？

1. 搜索引擎

当用户搜索一个关键词的时候，搜索引擎会在首页上方和右边显示相关的收费广告，也就是企业购买的竞价广告，当用户点击这些广告的时候，就为企业带来了流量。

2. 大型网站

大型网站的广告，也是一种竞价广告形式，大型网站主要的广告点击消耗，都是在大型网站一个站上消耗的，因为大型网站的广告点击流量巨大，所以也是竞价的方式——只是不是按次数计费。

3. 竞价联盟

竞价联盟是一种在搜索引擎里投放广告的广告方式，将搜索引擎成立竞价联盟，搜索引擎、商家、大型站以及站长联盟起来，去推广搜索引擎广告。如企业最熟悉的百度竞价联盟，Google竞价联盟，搜狗广告等。

竞价联盟里，有三个基本要素：广告主、广告联盟、小站长。

（1）广告主。以Google竞价联盟为例：购买Google竞价广告的，即在GOOGLEADWORDS里出价投放广告争取排名和点击率的，就是广告主，企业购买了竞价排名，企业就是最基本要素广告主。没有广告主，是谈不上竞价联盟的。

（2）广告联盟。Google成立GOOGLEADSENSE联盟，使各站站长能够一起帮助谷歌推广企业的网站，提高企业网站的访问量，就是竞价联盟的最关键要素广告联盟。没有广告联盟，搜索引擎竞价排名将只是搜索引擎和广告主之间的游戏，是谈不上联盟的。

（3）各大小网站站长。在竞价联盟的游戏规则里，一起对企业网站进行推广，加盟GOOGLEADSENSE，在自己的网站上为GOOGLEADSENSE中的广告主投放广告，在获得用户点击的同时赚取佣金——其意义等同于抽成的站长，就是竞价联盟中的第三个要素，也是流量的来源。

企业购买了竞价排名，搜索引擎提供了排名，并且按照企业网站的点击量来收费——同时搜索引擎联合其他网站站长，一起推广企业网站，为企业赢得更多的点击量，为自己也赚取更多的广告费，把一部分广告费作为佣金抽成给帮忙的站长。对于搜索引擎来说，这几乎是无本的买卖，一本万利。对于广告主来说，这是物有所值的买卖。对于站长来说，这是按劳分配的买卖。

广告主的广告费用，是按被点击的次数来计算的。帮助推广的站长的佣金，也是按照点击企业广告的独立 IP 数来计算支付的。同一个企业投放的广告，一个独立 IP 点击站长投放广告的单价，要远低于广告商投放在搜索引擎上的单价，中间的差价就是被广告联盟——即搜索引擎本身赚取了。如广告商购买了百度竞价排名，参与了竞价联盟，并且为每一次点击出价 4 角，而百度竞价联盟将该企业的广告投放给小站站长，站长在自己的网站上投放——当用户点击站长投放的广告时，即进入了企业的网站——企业要为这个用户的点击支付 4 角钱，而站长也赚取了一次点击的佣金——但是金额却远远少于企业出的价格，百度支付给站长 5 分钱。而其中的 3 角 5 分钱，就是百度联盟的盈利了。赚取差价是竞价联盟的本质。

这就是搜索引擎对网络营销的价值。总之，如果企业网站没有出现在搜索结果的前 30 项，那意味着对于只用搜索引擎寻找品牌和产品的时候，企业的网站在互联网上几乎不存在。

危机当头要积极管理不惧怕

面对危机，就要临危不惧，积极进行危机管理。采取危机管理措施，首先要对危机进行定位。不少企业直到现在，还走不出百思不得其解的思想魔咒——企业危机到底是该掩盖还是公布于众。到底是掩还是揭，因企业危机而异，不同的危机应采取不同的处理方法。

克林顿的性丑闻，能给企业家带来不少借鉴。

克林顿当美国总统时发生了与莱温斯基之间的性丑闻，他越要脸死不承认就越没脸，电视天天播，报纸天天登，大家天天看笑话，老克家的脸都给丢尽了。后来在莱温斯基拿出她蓝色的裙子公示后，老克不要脸了，全承认，结果不一样保住了自己的脸吗？美国人民不也照样让他做完了八年总统？后人还评价老克是美国历史上最优秀的总统之一。

如果企业内部危机已经被媒体嗅到危机的苗头，有关企业出现危机的报道已经铺天盖地，此时纸里已经包不住火。企业绝不能做埋在沙子里的鸵鸟一味逃避，逃避只能让危机来得更加猛烈。

光明乳业在处理2005年的回收奶事件中就犯了逃避主义的错误。当有媒体称光明乳业存在回收奶时，光明乳业就在狡辩上翻了跟头。回收奶事件一出，光明乳业就按捺不住，未经调查就莽撞加以否认，态度强硬，让消费者觉得欲盖弥彰且推卸责任。而且，越讳莫如深，就越引起消费者和媒体的好奇与质疑，光明乳业丧失了话语权，被媒体造势，一传十，十传百，事件越传越玄，导致危机进一步蔓延。

因此，当企业出现已被媒体掀起半个盖头的事件时，就不必遮遮掩掩，索性把企业危机真相告诉企业员工与公众。当危机爆发时，员工应是第一知情者，因此把真相告诉他们至关重要。有效的内部沟通可以激发内部员工的责任感，避免内部军心不稳，也有利于危机公关团队的建立。

一旦企业发生危机，媒体也会闻风而动，通过媒体把真相告诉公众。

政府具有很强的权威性和号召力，因此，在危机处理中，还要学会借政府之力化解危机。借力政府，首先是让政府知道事实真相，企业危机发生之后，尤其在发生重大危机的时刻，如质量危机、人员事故时，政府会马上进行调查，与政府周旋显然是不理智的。

1.企业危机分为企业外部危机和内部危机

企业外部危机，主要是指由企业所处外部环境的变化所引起的危机，主要包括突发事件的危机、竞争对手恶意发难的危机、消费者消费观念发生变化引起的危机、媒介危机等。企业内部危机，主要是指企业内部出现病变所引起的危机，主要包括产品质量危机、人力资源危机、资金链危机、法制危机等。危机的性质不同，企业的应对措施也应有所变化。

2.企业外部危机中一部分是可以公开的

突发事件的危机、竞争对手恶意发难的危机、消费者消费观念的变化等，这本身就是由于外部环境变化所引起的，即危机根源在环境，不在企业。企业在内部公开危机、通过媒体将危机公布于众，有可能博得外界同情，整合政府、媒介等各方面的有利资源，有利于企业安全渡过危机；而媒介危机本来就是由媒体引起的，由于种种原因，企业陷入媒介的口诛笔伐中，解铃还须系铃人，化解危机仍需以媒介作为突破口；企业内部危机是否公开则要慎重。

如果企业内部出现危机，但并不被公众、企业内部员工所察觉。

企业领导者就不必着急对外贩卖企业的危机了。企业出现危机，往往是“墙倒众人推”“树倒猢狲散”，媒体赶来口诛笔伐、银行逼债、企业内部人心惶惶，企业原有的光环尽失，这对企业来讲，才是真正的危机开始。

20 世纪 90 年代，中国保健品市场方兴未艾之时，太阳神、娃哈哈等产品依靠强大的广告攻势，迅速做到了妇孺皆知，销量引得其他行业羡慕，利润空间更是巨大。有了这些成功的先例，姜伟如法炮制，飞龙得到快速发展。意气风发的姜伟，打算趁势上市。

为了上市，姜伟几乎停下了手边的一切日常性事务，全力投入。然而飞龙的财务水准与国际通行的会计制度存在着巨大差距，负责相关工作的香港律师行，在半年时间里，向姜伟提出了 2 870 个问题。几经波折，飞龙集团拿到在香港联交所上市的获准文书，又恰逢香港股市大跌，飞龙上市再次受挫。

从香港回到沈阳，姜伟开始审视自己的公司，发现诟病丛生。姜伟嗅出了这个只有四岁企业的腐朽气息。痛心之余决定下狠心整治。1995 年 6 月 17 日，姜伟在报纸上登出一则短短的公告：飞龙集团从总部到各分支机构，进入脱产整顿期。

战线收缩没能改善飞龙的局面，姜伟又开始闭门反思。他自我总结了飞龙以往的经验和教训，并于 6 月抛出了题为《我的错误》万言检讨，历陈“总裁的 20 个失误”。

1997 年，飞龙获批两个新药，姜伟认为休整可以结束了。便在沈阳召开了新闻发布会，宣布“飞龙要开始起飞”。会后《经济日报》的记者方向明跟踪采访了姜伟和飞龙，并根据姜伟提供的材料，写出了一篇长稿，将姜伟的“20个失误”公之于众。文章一经刊出，立即引起了各界的强烈反应，掀起了一股研究失败的热潮。很多专家、企业家跟上来研究，甚至把“20大失误”作为了企业的座右铭。姜伟也因此成为中国企业管理发展上的一座里程碑。

但同时，这篇文章也给姜伟带来了更大的困扰。家里人对姜伟提出了质疑，认为姜伟将企业的失败这种“家丑”外扬，是“有病”；企业内的干部、员工不再把姜伟看作高高在上，开始和他顶嘴、争论；政府、社会组织也明显减少了支持，原因是一个有那么多失误的企业就不再是一个优秀的企业，一个不优秀的企业就不再值得支持。

飞龙就这样翻来覆去地被姜伟剖析，公众、员工、银行对飞龙丧失了信心，对手落井下石，抓住飞龙的软肋不放。姜伟的陷阱最终是自己挖的。

作为企业的领导人，与外界开诚布公固然显示其坦荡胸怀，但适当保持神秘性、权威性，才有助于企业和企业家形象的建立。露出伤疤给人看，不会让人相信新皮肤的重生，反而会引发其病情加重的讨论，从而把自己置于不利的境地。

姜伟认错的勇气，也值得我们佩服。可是，认错不一定要大张旗鼓，改错也未必就天下皆知。他太高调了，把自己的致命伤暴露在天下，天下没有宽容他，他淹死在自己的反省中。对此，姜伟自己也后悔不已，“做事情，要低调，我以前就是吃了太高调的亏，50岁的人了，不能输了。”

当飞龙总裁姜伟发现企业内部的危机后，就大张旗鼓地开始休整，并把飞龙困境描述为出“天花”；之后，姜伟又进行了整风运动；

飞龙一再遭遇困局时，姜伟又煞有介事地发表了《我的错误》。所以，对于公众、媒体并不察觉的企业危机，企业最好低调处理，不显山不露水地处理危机，从而实现危机损失的最小化。

尾声

创作至此，就要与各位道别，纵有不舍，也要放下。

对于长期从事营销的人来说，为品牌进行定位与推广的方法，相信大家早有耳闻。而今，通过本书的学习，希望各位对品牌那点事已有一个系统性的认知。当然，与国外那些知名的教授相比，或许我也只是菜鸟一枚，但这并不能阻挡我抒发自己微见的脚步。

就目前来说，品牌定位还需“因人而异、对症下药”，推广方式多到自不必多言，而我在本书中介绍的则是最实用、最流行、最有效的网络推广。其中些许建议、方法还望各位收纳并受益。在本书篇末，我并不想谈如何去做，而是谈一种思维——定位与推广的方法有很多，其关键不在于多，而在于精。不管用哪种方法，只要做好做精，都会带来大收益。

在竞争激烈的市场战争中，这种“实力不足的进攻”无时无刻都会发生，其结局也不出所料地相同——一场灾难！（大部分死拼的家伙最终都败下阵来）。

所以，游戏的规则是：要想赢得战争最后胜利，即便你已掌握全部作战技巧，也要避免和强大的对手正面交锋，不是说你能力不及对方就要回避，而是说你可以换一种思维——从侧面、头顶或底下出击。

游戏不是只有强者才会赢，那些玩得好的人才能存活更久。

预祝各位都能成为笑到最后的那个人！

愿雁过已留声。